Gerd Wolfgang Sievers

111 Orte
der Wiener Küche,
die man erlebt
haben muss

emons:

Bibliografische Information der Deutschen Nationalbibliothek
Die Deutsche Nationalbibliothek verzeichnet diese Publikation
in der Deutschen Nationalbibliografie; detaillierte bibliografische
Daten sind im Internet über http://dnb.d-nb.de abrufbar.

© Emons Verlag GmbH
Alle Rechte vorbehalten
© alle Fotografien Gerd Wolfgang Sievers, außer S. 159 Ulrike Köb,
S. 83, S. 229 Herbert Lehmann, S. 57 Marcello Rubini,
S. 47, S. 131 Kurt-Michael Westermann
Gestaltung: Eva Kraskes, nach einem Konzept
von Lübbeke | Naumann | Thoben
Kartografie: Frederik von Reumont
Kartenbasisinformationen aus Openstreetmap,
© OpenStreetMap-Mitwirkende, ODbL
Druck und Bindung: Firmengruppe APPL – aprinta druck, Wemding
Printed in Germany 2014
ISBN 978-3-95451-337-6
Originalausgabe

Unser Newsletter informiert Sie
regelmäßig über Neues von emons:
Kostenlos bestellen unter
www.emons-verlag.de

Der Küchenduft Kakaniens

Wo liegt denn bitte schön Kakanien?, wird jetzt sicher der eine oder andere geneigte Leser fragen. Der von Robert Musil geprägte Name für das seltsame Land in Mittel- und Südosteuropa wird auch heute noch liebevoll-ironisch für die k. u. k. Monarchie Österreich-Ungarn verwendet. Und wenn die Doppelmonarchie auch untergegangen ist, so lebt Kakanien weiter – in den Köpfen und Töpfen Wiens.

Immer wieder wird darauf verwiesen, dass die heutige Wiener Küche ein Sammelsurium von Rezepten aus allen Regionen des ehemaligen Habsburger Reiches sei – doch ganz so einfach kann man sich das nicht machen mit der Wiener Küche. Denn bei allen Einflüssen von außen hat sie eine ganz eigene Stilistik entwickelt – oder anders gesagt: Sie hat zwar Ideen aufgegriffen, diese aber nach ihrem ganz eigenen Geschmack abgewandelt und damit den vielstimmigen Rezeptkanon Kakaniens eingewienert zumindest das, was sich von diesem Kanon als wienwürdig erwiesen hatte. Und die Habsburg-Monarchie erfreute sich daran, dass das Reich so friedlich vor sich hin schmauste. Essen war wahrscheinlich auch der einzige Nenner, der das damalige Riesenreich einte.

Aber all diese Einflüsse kamen so richtig erst zwischen der 18. und 19. Jahrhundertwende nach Wien. Davor hatte es hier sehr wohl eine autochthone Küchenstilistik gegeben, und diese dient bis heute als Grundgerüst des geschmacklichen Idealbilds Wiens, an das sich auch die fremden Rezepturen zu halten hatten.

Seit dem ausgehenden 18. Jahrhundert gilt die Wiener Küche als eine der feinsten der Welt, wie Johann Pezzel 1790 euphorisch feststellte: »Inländer haben es im Auslande und Ausländer bei uns gesehen, dass ... die Wiener Küche die beste, die nahrhafteste, aber auch die schwelgendste sei.« Dem ist nichts hinzuzufügen – außer, dass Wien die einzige Stadt auf der Welt ist, nach der eine eigene Küchenstilistik benannt wurde. Zu Recht, denn Wien ist und isst anders!

111 Orte

1 Abraham a Sancta Clara

Wortgewalt gegen den Überfluss

Friedlich wirkt sie, die Statue des barocken Kanzelpredigers – zu friedlich, wenn man die vehementen Worte kennt, mit denen Abraham a Sancta Clara (1644–1709) in seinen Sonntagspredigten das unkeusche Leben der Wiener, den sorglosen Umgang mit Viktualien sowie die feudalen Essgewohnheiten der Aristokratie und des Geldadels abkanzelte: »Einfache Gerichte sind höchstens noch für das Gesinde gut genug. Für die Herrschaft ist das nichts. Die Zungen so feiner Leut erwarten bei jedem Bissen ein ganzes Sammelsurium von Genüssen.« Und von ihm stammt das schöne Bonmot »Beatus vir, qui habet multum Silberg'schirr« (Glücklich ist jener Mann, der sich viel Silberg'schirr leisten kann).

Tatsächlich war der aus dem badischen Kreenheinstetten stammende, aber hauptsächlich am Wiener Hofe wirkende Pater einer der ersten Gastrosophen überhaupt und einer der bedeutendsten Gaumenzeugen für die Esssitten seiner Zeit. Abraham a Sancta Clara war ein strenger Sittenwächter, der das Treiben »der gailen Böcke« in den Gotteshäusern anprangerte und sich echauffierte: »… die Politici und Staatsleut … kehren dem Altar den Rücken, präsentieren einander Toback … [und] schauen auf schöne Frauenzimmer.«

Abraham a Sancta Clara wehrte sich gegen die Unsitte, dass man in Wien italienischen Wein trank und in Rom Neckarwein bevorzugte, und er kritisierte den offenbar schon damals grassierenden Brauch, diverse an eine Jahreszeit gebundene Genüsse auch außerhalb ihrer Saison zu begehren: »Wenn sie nicht junge Hiendl und Spargel im Januario, jungen Rättich im Februario, Salat im Mertzen, Maurachen im April, junge Vögel im Mai, Weintrauben im Julio, junge Capauner im Augusto … haben, so ist es nicht Rares.« O tempora, o mores (O was für Zeiten, o was für Sitten) – bemerkenswert, wie sich der Verfall der Sitten in Zeiten des Überflusses doch unabhängig der Zeiten gleichen kann.

Adresse Statue beim Burggarten, 1010 Wien, Opernring (Burggarteneingang Goethe-gasse) | **ÖPNV** U 1, U 4, Station Karlsplatz; Straßenbahn 1, 2, 71, D, Station Oper (Opernring) | **Öffnungszeiten** Burggarten: April–Okt. 6–22 Uhr, Nov.–März 6.30–19 Uhr | **Tipp** In der Minoritenkirche ist eine Nachbildung des »Letzten Abendmahls Jesu Christi« von Leonardo da Vinci zu bestaunen. Das Mosaik wurde in der Größe des Originals von dem Römer Giacomo Raffaelli in den Jahren 1805/6 bis 1814 für Napoleon angefertigt.

2 Aida

Des Punschkrapfens Farben

Dass das Konditoreiwesen viel mit der Oper zu tun hat, wissen wir spätestens seit dem gleichnamigen Kuchen »Opéra«, und so verdankt auch Wiens vielleicht bekannteste Konditoreien-Kette ihren Namen dem Umstand, dass der aus Böhmen stammende Firmengründer Josef Prousek – ein großer Verehrer des Komponisten Giuseppe Verdi – im Zuge einer Unternehmens-Umstrukturierung 1925 seinen Betrieb nach der bekanntesten Verdi-Oper benannte. Die Inspiration dazu lieferte 1924 Wiens erste Opernaufführung unter freiem Himmel. Die Aida wurde damals auf einer 50 mal 35 Meter großen Bühne auf dem Sportplatz Hohe Warte als Spektakel mit fast 1.000 Mitwirkenden inszeniert.

Mehr als 100 Jahre gibt es das Traditionsunternehmen in der Stadt, und jeder Wiener kennt das markante rosa-lila Outfit der Aida-Damen, das an Punschkrapfen erinnert. Die Filiale in der Wollzeile ist übrigens die erste Kaffeekonditorei Österreichs gewesen, in der eine echte Espressomaschine stand – und mit dieser gelingt der Kaffee für die berühmte Aida-Melange besonders gut. Melange und die frischen böhmischen Kolatschen wurden rasch zum Inbegriff der Wiener Jause.

Der rosa Punschkrapfen, an den die Aida-Mode denken lässt, ist eine Wiener Institution, genauso wie das alljährliche Punschtrinken zu Weihnachten. Früher gab es in Wien sogar Punschgesellschaften, und die Vielfalt an Rezepten hatte bald nur mehr wenig mit dem ursprünglichen »pandscha« (indisch für fünf) zu tun, das ein priesterliches Kultgetränk aus den fünf Zutaten Wasser, Tee, Arrak, Zitronensaft und Zucker beschrieb.

Man hielt es mit dem Punsch offenbar so wie mit der vielseitig zubereitbaren Bowle. So gilt bis heute, was bereits der berühmte Kulinarhistoriker Rudolf Habs (siehe Seite 18) um die Jahrhundertwende meinte: »Manch ein Akademiker ist stolzer darauf, eine gute Bowle brauen zu können, als auf seinen Doktortitel!«

Adresse Aida-Filiale Wollzeile, Wollzeile 28, 1010 Wien | **ÖPNV** U3, Station Stubentor; Straßenbahn 2, Bus 3A, 74A, Station Stubentor | **Öffnungszeiten** Mo−Fr 7−20 Uhr, Sa 9−20 Uhr, So 9−20 Uhr | **Tipp** Original Wiener Punschkrapfen bester Qualität erzeugt auch Brigitte Bergbauer-Sauer im 19. Wiener Gemeindebezirk (www.wienerpunschkrapfen.com).

3 Der Allerheiligenstriezel
Wiener Sechsstrangzopf

Die Bäckerei Josef Schrott ist eine der letzten Bastionen Wiener Backtradition, in der die Kunst des echten Allerheiligenstriezels hochgehalten wird. Sicher, Striezel gibt es in Wien fast überall, doch handelt es sich bei ihnen meist um mehr oder weniger industriell gefertigte Massenprodukte, die aus drei, bestenfalls vier Strängen geflochten werden. Der original Wiener Striezel wird aber – und das ist das Entscheidende – aus sechs Strängen geflochten; eine sehr aufwendige handwerkliche Bäckerkunst, die nicht mehr viele ausüben. Josef Schrott fühlt sich als Wiener Bäcker dieser Tradition verpflichtet.

Beim Allerheiligenstriezel handelt es sich um einen geflochtenen Zopf aus Hefeteig, der früher zu Allerheiligen verschenkt wurde. So war es üblich, dass die Wiener Bäcker ihren Stammkunden einen solchen Striezel als Dank für die durchs Jahr gehaltene Treue überreichten und Kinder von ihren Tauf- oder Firmpaten mit einem Striezel beglückt wurden.

Der Brauch hat seinen Ursprung in alten Kulturen, als man sich das geflochtene Haar abschnitt, um seine Trauer oder sein Mitgefühl auszudrücken. Und weil der Tod ein Wiener ist, wie wir spätestens seit Georg Kreisler wissen, trieb man den Kult in Wien derart auf die Spitze, dass sogar vergoldete Striezel verschenkt wurden. Daneben gab es eigene Totenstriezel, die sogenannten Totenkränze, die natürlich nicht – auch nicht zu Allerheiligen – auf Gräber gelegt wurden, sondern weit zweckdienlicher auf den Tafeln der Lebendigen landeten.

Europaweit genossen die Wiener Bäcker für ihre phänomenalen Striezel einen herausragenden Ruf, bis die Sitte des Allerheiligenstriezels um 1900 verschwand. In neuerer Zeit sieht man sie aber bei einigen wenigen ambitionierten Bäckern wieder, die mächtigen Wiener Sechsstrangzöpfe, die dick mit Butter bestrichen so vortrefflich zu einer »Schale Gold« munden.

Adresse Bäckerei Josef Schrott, Mariahilfer Straße 159, 1150 Wien | **ÖPNV** Straßenbahn 52, 58, Station Staglgasse | **Öffnungszeiten** Mo–Fr 6–18.30 Uhr | **Tipp** Auch die Brezel – aus Brüh- oder Laugenteig gebacken – war ein Brauchtumsgebäck, das ursprünglich als Belohnung für Kinder diente, die ihre Gebete brav aufsagen konnten. Der Lichtensteg im 1. Bezirk hieß im 15. Jahrhundert »Brezeneck«. Der »Brezenbäck« war ein Hausierer, der Brezeln auf Stangen gesteckt in Gastwirtschaften feilbot; heute bieten noch in Praterlokalen die »Brezelbuben« Waren bei Tisch an.

4_ANKER
Keine brotlose Kunst

Ankerbrot kennt in Wien jeder – kein Wunder, handelt es sich doch bei Anker um den größten Bäckereifilialisten Österreichs. Seit 1891 werden bei Anker täglich Abertausende Bäckereierzeugnisse von Brotlaiben, Salzstangen und Semmerln über allerlei Kipferln, Kolatschen und Mehlspeisen bis hin zu handgeflochtenen Striezeln erzeugt und getreu dem Firmenmotto »Gut bleibt, wer immer besser wird« in möglichst frischer Qualität ausgeliefert.

Bemerkenswert ist das von Ankerbrot unterstützte Kunstprojekt: Vom 1. Juni bis 14. September 2013 präsentierte der Galerist Ernst Hilger in der HilgerBROTKunsthalle Wien 10 und in der Galerie Hilger NEXT Wien 10 unter dem Titel »Cash, Cans & Candy« eine Street-Art-Ausstellung. Auf 800 Quadratmetern wurden ausgewählte Arbeiten von über 40 österreichischen und internationalen Künstlern von allen fünf Kontinenten gezeigt. Anker stellte die Fläche seines ehemaligen Getreidesilos für gestalterische Zwecke zur Verfügung.

Insgesamt drei Wände wurden von anerkannten Größen wie der südafrikanischen Künstlerin Faith47, dem amerikanischen zeitgenössischen Künstler, Grafiker und Illustrator Shepard Fairey sowie dem in Brooklyn lebenden Künstlerduo Faile (Patrick McNeil und Patrick Miller) bearbeitet. Ihre Aufgabe bestand nicht allein in der Gestaltung der Flächen, sondern auch darin, mit ihren Werken auf die sozialen Infrastrukturen und typischen Eigenheiten des Mikrokosmos »10. Wiener Gemeindebezirk« einzugehen sowie in der Farbwahl auf das Unternehmen Ankerbrot Bezug zu nehmen. Eindrucksvoll präsentiert sich heute gleich neben dem Eingangsportal das von Shepard Fairey auf eine fast 30 Meter hohe Wand aufgetragene Kunstwerk »Commanda«.

Spätestens seit den Bildern der Malerin Sabine Frank wissen wir, dass Brot und Kunst gemeinsame Wege bestreiten können – seit dem Anker-Projekt ist sicher, dass Kunst nicht »brotlos« ist!

Adresse ANKERBROT Fabrik, Absberggasse 35, 1100 Wien (das Wandgemälde ist von der Straße aus sichtbar) **| ÖPNV** Straßenbahn 6, Station Absberggasse **| Tipp** Weitere bekannte Wiener Großbäckereien sind der Felber im 22. Bezirk (www.felberbrot.at) sowie die Bäckerei »Der Mann« im 23. (www.dermann.at).

5 _ Das Appetitlexikon

Kochen als dokumentierte Wissenschaft

Wir schreiben das Jahr 1894, als der Historiker Rudolf Habs und der schauspielernde Verleger Ludwig Rosner zusammen ein Werk herausgeben, das die österreichische Kochbuchliteratur auf bahnbrechende Weise verändern sollte. Das Werk nennt sich Appetitlexikon und bietet erstmals neben reinen Zubereitungsbeschreibungen und Rezepten auch die Hintergrundinformationen zu Nahrungsmitteln, regionalen Spezialitäten und vielem mehr. Es ist einer der ersten erfolgreichen Schritte in die Richtung einer akademischen Aufarbeitung des Themas »Essen und Trinken«.

Ein schönes Exemplar des Appetitlexikons befindet sich in der Wienbibliothek im Rathaus. Doch diese Bibliothek bietet dem kulinarisch interessierten Historiker noch viel mehr, denn sie besitzt eine Sammlung von rund 1.400 historischen Kochbüchern, wovon ein Gutteil natürlich die Wiener Küche betrifft. Die frühesten Werke reichen ins 16. Jahrhundert zurück, die jüngsten sind die wichtigsten aktuellen. Der außergewöhnliche Bestand umfasst legendäre Stücke wie Anna Dorns »Neuestes Universal- oder Großes Wiener Kochbuch«, Katharina Pratos berühmte »Süddeutsche Küche« oder Adolf und Olga Hess' »Wiener Küche«, bis heute *das* Standardwerk der hiesigen Küche schlechthin. Louise Seleskowitz' »Wiener Kochbuch« und Anleitung zum Entwerfen von Speisezetteln findet man hier genauso wie Anna Finks »Neues Illustriertes Kochbuch für jeden Haushalt« oder Anna Bauers »Die praktische Wiener Köchin«, und selbstverständlich fehlen auch Legenden wie die Kochbuchautorin Marie von Rokitansky mit ihrem Werk »Die Österreichische Küche« genauso wenig wie das Buch »Kochen für alle« vom unvergessenen Franz Ruhm, dem ersten TV-Koch Österreichs.

All diese Bücher dokumentieren nicht nur Rezepte, Kochkultur oder historische Essgewohnheiten, sondern vermitteln auch viel vom genussvollen Wiener Alltag vergangener Tage – was für ein wertvoller Schatz!

Adresse Wienbibliothek, Rathaus, Eingang Felderstraße, 1010 Wien | **ÖPNV** U 2, Station Rathaus; U 3, Station Volkstheater; Straßenbahn 1, D, 71, Station Burgtheater | **Öffnungszeiten** Mo–Do 9–18.30 Uhr, Fr 9–16.30 Uhr | **Tipp** Das schönste und umfangreichste Sortiment an appetitanregenden Gewürzen bietet Nathalie Pernstich-Amend in ihren beiden Babette's-Shops an (www.babettes.at).

6 Arthur Grimm

Handsemmelbäckerei

Unbestritten sind die Verdienste der Bäckerzunft um die Wiener Küche, denn allein schon die Vielfalt der Weißgebäcksorten lässt einem das Wasser im Munde zusammenlaufen: Kaisersemmel, Patentweckerl, Kümmel-, Salz- und Mohngebäck oder Feinbackwaren wie Striezel, Brioches, Buchteln, Beugel, Brezel, Strudel, Stollen, Plunderteig, Zimtschnecken, Faschingskrapfen oder Gugelhupf sind nur einige Beispiele für das breit gefächerte Sortiment. Geradezu unersetzlich für die Wiener Küche sind die Semmeln, weil diese nicht nur zur beliebten Wurstsemmel werden, sondern vor allem perfekt dazu geeignet sind, in den Gulaschsaft gebrockt zu werden. Als Königin der Semmeln gilt die rein von Hand hergestellte Handsemmel.

So wichtig die Bäcker für Wien auch waren, so gaben sie dennoch immer wieder Anlass für Beanstandungen, die im Mittelalter noch streng bestraft wurden (siehe Seite 44). In den Teuerungszeiten des 19. Jahrhunderts erbosten sich die Wiener nicht selten über Bäcker, die ihr Brot im Schleichhandel weit über dem amtlich festgesetzten Preis verkauften; im Juli 1805 gab es mit dem sogenannten Bäckerrummel einen regelrechten Aufstand, bei dem die arme Bevölkerung in den Vorstädten mehrere Bäckerläden plünderte. Auch 1846 und 1848 kam es zu Krawallen, im Zuge derer auch Nestroy auf seine ganz persönliche Art Kritik übte: Als die Bäcker in Verruf kamen, zu kleine und zu teure Semmeln zu backen, trat er als Protest mit Semmeln als Hemdknöpfen auf. Die Bäcker fühlten sich verhöhnt und erstatteten Anzeige. Nestroy musste eine Nacht in Arrest verbringen und sich am nächsten Tag öffentlich entschuldigen. Im Anschluss an die Entschuldigung bedankte er sich bei den Bäckern dafür, dass sie ihm in der Nacht Semmeln durch das Schlüsselloch in die Zelle zugesteckt hätten.

Dieses Ereignis ist als die »Wiener Semmelanekdote« in die Geschichte eingegangen.

Adresse Bäckerei Arthur Grimm, zum Beispiel in der Wiedner Hauptstraße 82, 1040 Wien, Stammhaus und Zentrale: Kurrentgasse 10, 1010 Wien | **ÖPNV** Straßenbahn 1, 62, Station Johann-Strauß-Gasse | **Öffnungszeiten** Mo−Fr 6−18.30 Uhr, Sa 6−12 Uhr | **Tipp** Eine moderne Edelbäckerei, die ausschließlich Brot aus Natursauerteig herstellt, ist »Joseph − Brot vom Pheinsten« in der Naglergasse (www.joseph.co.at).

7 _ Der Augustin-Brunnen

A schimpfende Leich

Hinter dem »lieben« Augustin verbirgt sich der Volkssänger und Sackpfeifer Max Augustin, über den es viele Legenden gibt. Er soll als Sohn des Bierwirts Marx 1643 in Wien geboren und im Oktober 1705 gestorben sein. Er trat in Lokalen wie dem »Roten Hahn« (Landstraße), den »Drei Hasen« (Kärntner Straße) und im »Schlosserbierhaus«, dem heutigen Griechenbeisel (siehe Seite 78) auf. Wo der liebe Augustin auch hinkam, waren die Häuser voll, gute Laune garantiert und entsprechende Einnahmen gesichert. Besonders gern gesehen war der Augustin im Griechenbeisel, und der Wirt Ulrich Konrad Puffan wusste den lieben Augustin durch freies Anschlampen an sein Haus zu binden. Zweimal wöchentlich, Donnerstag und Samstag, musizierte der Augustin im Griechenbeisel und war danach jedes Mal dermaßen ántschechert, dass er von ihn stützenden Begleitern nach Hause gebracht werden musste.

Die berühmteste Geschichte über ihn berichtet, dass er am 10. September 1679 im Vollrausch nach ungezählten G'spritzten und Vierteln in eine Pestgrube flog, in die man die Leichen entsorgte. Als dann am nächsten Tag die Siechenknechte mit neuen Leichen ankamen, vernahmen sie ein Fluchen und Dudelsackspielen aus der Grube und waren zu Tode erschrocken, als die »schimpfende Leich« aus der Grube gerettet werden wollte. Danach soll er sein Augustin-Lied gesungen haben, das natürlich im Griechenbeisel uraufgeführt wurde und mit den Zeilen »Ei, du lieber Augustin, 's Geld is hin, 's Mensch is hin, ei, du lieber Augustin, alles is hin« beginnt und die offizielle Hymne aller »Tschecheranten« wurde.

An der Stelle, wo sich die Pestgrube befand, wurde im 18. Jahrhundert ein bronzener Brunnen aufgestellt, der zu festlichen Anlässen kein Wasser, sondern Wein spie – was keine Anspielung auf den Augustin sein sollte.

Da der Bronzebrunnen eingeschmolzen wurde, steht an seiner Stelle heute ein schlichter Sandsteinbrunnen.

Adresse Augustin-Brunnen, Neustiftgasse, Ecke Kellermanngasse, 1070 Wien | **ÖPNV** Straßenbahn 46, Station Strozzigasse/Lerchenfelder Straße | **Tipp** G'spritzte werden in Wien nicht nur aus Wasser oder Sodawasser und Wein gemischt, sondern auch mit Limonade, dem sogenannten Almdudler. Die heute im Handel erhältliche Kräuterlimonade Almdudler ist alkoholfrei und hat auch nichts mit dem Dudelsack zu tun, sondern ihren Namen vom »Dudeln«, einer Wiener Form des Jodelns. Mit Wein gemischt wird der Almdudler heute zum »Almspritzer« (Grinzinger Allee 16, 1190 Wien).

8__Der Auwinkel

… heißt eigentlich anders

In Anbetracht der heutigen Beliebtheit des Schweins ist man etwas verwundert, wenn in alten Kochbüchern wie etwa in Seleskowitz' »Wiener Kochbuch« (1879) das Schweinefleisch kaum mehr als ein Randthema darstellt. Tatsächlich wurde das Schwein bei der Kochbuchkäuferschicht – insbesondere den bürgerlichen Hausfrauen – wegen des möglichen Trichinenbefalls mit Skepsis betrachtet. Das Proletariat ging damit entspannter um und aß sehr wohl Schweinefleisch. Für die Arbeiter bedeuteten Schweinsgulasch, Schweinsbraten, gebratenes Selchfleisch, gekochte Selchripperln, Bauernschmaus, gebackene Schweinsohren, Pökelzunge oder Schweinsherz in Rahmsoße fast so viel Glück wie heute der gekochte Schweinskopf oder die Sulz zu Silvester. Reste wurden zu Bauernschnatterer, Durchmarsch oder Soßenfleisch verarbeitet. Und was sonst noch verwertbar war, kam nach dem Motto »Vom Schwein ist alles gut« in die Wurst. Es ist also kein Zufall, dass Josef Weinhebers Phäake singt: »Zur Jause geh ich in die Stadt und schau, wer schöne Stelzen hat.«

Trotzdem haben »Feinschmeckerei« und »Adel« noch immer ein gespaltenes Verhältnis zum Schwein und akzeptierten dies allenfalls noch in Form eines zarten Spanferkels. Vielleicht ist es aber auch gar nicht das Schwein, das sie auf Distanz hält, sondern die damit einhergehenden Gewürze wie Zwiebel, Knoblauch und Kümmel, die bei den feinen Leuten bis heute nicht beliebt sind.

Dennoch – oder vielleicht gerade deswegen – hat der Dichter Anton Wildgans in seinem Epos »Kirbisch« dem Schweinsbraten ein kulinarisch-literarisches Denkmal gesetzt, in dem ein knusprig-saftiger Braten von kümmel- und knoblauchgetränktem Saft umspült wird.

Im Mittelalter hatten sogar noch die Klöster eigene Schweinezuchten. Der Auwinkel ist da ein Beispiel, denn der hieß vor der 1862 vollzogenen Umbenennung »Sauwinkel« … weil bei der Dominikanerbastei ein Schweineschlachthof ansässig war.

Adresse Auwinkel, 1010 Wien | ÖPNV U 1, U 4, Station Schwedenplatz | Tipp An der Ecke Augasse/Dominikanerbastei befindet sich das Edelrestaurant von Konstantin Filippou – ob er oder seine Gäste um den hier herrschenden »Saustall« wissen, bleibt die Frage (www.konstantinfilippou.com).

9 — Die Backhendelstation

Reminiszenz an eine große Epoche

Das Backhendel taucht in der österreichischen Kochbuchliteratur bereits im 17. Jahrhundert auf und dient somit als Beweis dafür, dass die Wiener ihr Schnitzel nicht aus Mailand abgekupfert haben, wie häufig behauptet wird, sondern bereits lange vor Radetzky & Co das Panieren und Ausbacken von Speisen kannten (siehe Seite 156). So ist bereits 1719 in Conrad Haggers berühmtem »Salzburgischen Kochbuch« von in Essig marinierten und anschließend in Mehl, Ei und Semmelbrösel panierten Hühnern zu lesen, die in Schmalz ausgebacken werden.

Während die meisten Regionen Österreichs das Backhuhn in acht bis zwölf Teile zerlegen, wird das Wiener Backhuhn im Original nur geviertelt und zusammen mit den gebackenen Innereien (Herz, Leber, Magen) aufgetischt. Wichtig ist jedoch in beiden Fällen, dass man das Huhn mit Haut und Knochen paniert und ausbäckt, denn die neumodische Sitte, die Haut vorher zu entfernen, ist genauso unsinnig, wie Pflanzenöl statt Schmalz zu nehmen.

Früher gab es viele sogenannte »Backhendel-Stationen«, also Lokale, die für ihre Backhendel berühmt waren. Der Thürnlhof in Simmering ist noch eine solche und bekannt für seine sogenannten »Oma Backhendel«, die traditionell mit Haut zubereitet werden. Nicht zu Unrecht steht für viele WienerInnen das Backhenderl eher für die authentische Wiener Küche als das Schnitzel. Daher verwundert es nicht, dass man nach ihm gleich eine ganze Epoche benannte: Als »Backhendelepoche« bezeichneten die Wiener nämlich die Biedermeierzeit des 19. Jahrhunderts, weil es den Menschen in der »guten alten Zeit« so prächtig gegangen sein soll.

Bis heute sind die Backhenderln das geblieben, was Adalbert Stifter in »Aus dem alten Wien« über sie sagte: »eine bekannte Wiener Lieblingsspeise«. Und deshalb sieht man auch heute noch den einen oder anderen Backhendelgottesacker, welcher auf den Genuss von zu viel des Guten zurückzuführen ist.

Adresse Schloss-Restaurant Thürnlhof, Münnichplatz 5, 1110 Wien, www.schlossrestaurant-thuernlhof.at | **ÖPNV** Straßenbahn 71, Station Zinnergasse/Kaiser-Ebersdorfer Straße | **Öffnungszeiten** Di 11.30–15 Uhr, Mi, Do 11.30–15 und 18–24 Uhr, Fr, Sa 11.30–24 Uhr, So 11.30–16 Uhr | **Tipp** In Oberlaa findet man mit Dani's Backhendl-Heurigem (www.backhendlheuriger.at) eine urige Adresse für den beliebten Schmaus. Früher war auch das Klostergasthaus Thallern (www.klostergasthaus-thallern.at) vor allem für seine Backhendel berühmt; nach einem Pächterwechsel hat man hier aber modernere Wege eingeschlagen – schade eigentlich.

10_ Barbanek

Bruckfleisch im Extrazimmer

Das Bruckfleisch gilt als die Krönung aller Wiener Innereiengerichte. Seinen Namen hat es von der Schlagbruckn (Schlachtbrücke) des ehemaligen Marxer Schlachthofes, wo Rindfleischreste wie Kronfleisch, Stichfleisch, Milz, Rindsbries, Leber, Herz und Herzkranzgefäße sowie die Schlagadern in Säcke abgefüllt zusammen mit (Ochsen-)Blut verkauft wurden. Dies war die Grundlage für das sensationelle Gericht, das nicht leicht zu bewerkstelligen ist, weil es wirklich nur dann authentisch schmeckt, wenn die Zutaten möglichst frisch – vorzugsweise noch lebendwarm – verarbeitet werden, was an sich nur möglich ist, wenn man in der Nähe eines Schlachthofes wohnt. Das Bruckfleisch ist heute eine seltene Delikatesse, und nur mehr wenige Lokale wie eben der Barbanek sind bekannt dafür. Dass gerade der Barbanek diese Spezialität führt, ist kein Zufall, befand sich doch der Marxer Schlachthof in unmittelbarer Nachbarschaft. Gutes Bruckfleisch wird mit geröstetem Wurzelgemüse, Ochsenblut und Essig zu einem Ragout in brauner Soße gekocht, die mit Thymian, Majoran und Pfeffer gewürzt wird – gebunden wird nicht mit Mehl, allenfalls mit Powidl und Lebkuchen. Dazu gibt es Semmelknödel.

Weil der Barbanek ein uriges Wiener Traditions-Beisel ist, findet man hier auch einen Raum, der sich Extrazimmer nennt. Heute versteht man darunter eine vom Schankraum separierte Räumlichkeit, die, etwas netter hergerichtet (zum Beispiel mit Tischdecken), von feineren Leuten und kleineren Gesellschaften genutzt werden kann. Doch die Geschichte hinter diesen Extrazimmern ist weitgehend unbekannt, denn das Wort Beisel stammt vom böhmischen »paizl« ab, das Kneipe, Spelunke und Bordell bedeutet – und genau das waren die Extrazimmer vergangener Tage, wie Hieronymus Löschenkohl auf einigen Kupferstichen veranschaulichte: diskrete Animier-Räumlichkeiten, in denen so manche Kostjungfer ihre Unschuld verlor!

Adresse Gasthaus Barbanek, Fuchsröhrenstraße 13, 1110 Wien | **ÖPNV** U 3, Station Zippererstraße; Straßenbahn 71, Station Zippererstraße | **Öffnungszeiten** Mo, Do–So, Feiertage 9–23 Uhr, Küche 11–14 und 17–21 Uhr | **Tipp** Auch das ebenfalls in Simmering befindliche Gasthaus Stern ist unter Kennern für seine Innereien-Gerichte bekannt, besonders beliebt sind hier die »Gebratenen Weißen Nierndln« (Stierhoden) und das »Gebackene Lammhirn« (www.gasthausstern.at).

11 __ Das Beatrixbad

Dampf für das Zuckerl

Den als Künstler und Multitalent weltberühmt gewordenen André Heller kennen die meisten. Weit weniger bekannt ist aber, dass ebendieser André Heller der Enkel von Wilhelm Heller ist, der 1891 zusammen mit seinem Bruder Gustav das weltweit erste Dragee auf den Markt brachte. Was hat das alles mit dem Beatrixbad – übrigens Wiens ältestes Bad – zu tun?, wird sich jetzt der eine oder andere geneigte Leser berechtigt fragen. Sehr viel, denn die Heller-Werke waren ihrer Zeit in puncto Technologie eine Generation voraus:

Während die damaligen Mitbewerber ihre Zuckerl traditionell über offenem Feuer erzeugten, nutzten die Hellers den Dampf des benachbarten Beatrixbades als Energiequelle – für die damalige Zeit ein absolutes Novum, genauso wie die Verwendung von Vakuumapparaten. Der Erfolg war entsprechend groß, und man lieferte die Zuckerln nicht nur im gesamten Gebiet der k u. k. Monarchie aus, sondern exportierte in fast alle europäischen Staaten, ja sogar nach Übersee. Bald schon waren die Heller-Werke einer der größten Süßwarenhersteller ihrer Zeit und beschäftigten vor dem Ersten Weltkrieg fast 1.500 Mitarbeiter.

Kriegswirren, NS-Zeit und »Arisierung«, erneute Kriegswirren und die Nachkriegszeit forderten jedoch zu viel Substanz, und das Unternehmen musste veräußert werden. Neben Nestlé war mit Manner auch ein österreichisches Traditionsunternehmen Eigentümer der berühmten Zuckerln. Heute werden sie von der Firma Englhofer erzeugt, die ihrerseits zum erfolgreichen Storck-Konzern gehört.

Nach wie vor ungebrochen ist die Beliebtheit des Wiener Zuckerls, denn mit mehr als 30 Prozent Marktanteil sind sie mit Abstand das meistverkaufte Fruchtbonbon, das in sechs unterschiedlichen Sorten gelutscht werden will: Marille, Zitrone, Himbeere, Ananas, Schwarze Johannisbeere und Mandarine.

Unbekannt ist leider, ob auch der Künstler Heller diese traditionellen Zuckerln liebt.

Adresse Beatrixbad, heute Beatrix Spa, Linke Bahngasse 9, 1030 Wien | **ÖPNV** U 4, Station Stadtpark; Straßenbahn O, Station Invalidenstraße | **Tipp** Schöne Wiener Bonbongeschäfte sind beispielsweise der REIMER (www.lebensbaumtorte.at) in der Wollzeile oder die Confiserie zum Süßen Eck (www.suesseseck.at) in der Währingerstraße.

12___Der Beinschinken

Gepökelt, geräuchert und gekocht

Bei manchen Delikatessen ist das Schicksal schon ungerecht. Immer wieder wird darauf hingewiesen, dass der Beinschinken seinen Ursprung im Prager Schinken hat – doch das ist nur bedingt richtig. Der Prager Schinken war nämlich ursprünglich ein Rohschinken, der im Gegensatz zu seinen italienischen Verwandten leicht geräuchert wurde. Um ihre eigenen Rohschinken zu schützen, haben die Italiener kurzerhand geräucherten und gekochten Schinken »Praga« genannt, bis heute das allgemeingültige Synonym für gekochten Schinken. Die Prager Metzger wiederum nutzten gern die Gratiswerbung und produzierten einfach einen Kochschinken.

Der Beinschinken hingegen hat seinen Ursprung weder in Prag noch in Italien, sondern schlicht und einfach in Wien – und daher heißt er auch richtigerweise »Wiener Beinschinken«. Selchwaren sind in ganz Österreich beliebt, vor allem in Form von Selchrollern und Selchripperln – besonders zu Ostern sind diese Delikatessen ein Muss. Die Krönung aller Selchwaren ist unstrittig der handwerklich gefertigte traditionelle Wiener Beinschinken – so wie in der Fleischerei Kröppel:

Hergestellt wird er aus dem zehn bis 14 Kilogramm schweren ganzen hinteren Schlögel von artgerecht gehaltenen Schweinen samt eingewachsenem Knochen und Schwarten. Der Schinken wird einige Tage bis maximal zwei Wochen in Salzlake gepökelt, danach über Buchenholz geräuchert und anschließend schonend bei sehr niedrigen Temperaturen gegart. Das langsame und schonende Kochverfahren verleiht ihm seine unvergleichliche Saftigkeit. Der zartrosa Beinschinken wird in einen Schinkenspanner gespannt und mit dem Messer per Hand aufgeschnitten; das ausgewogene Verhältnis von Fleisch und Fett sorgt für den typischen nur zart salzigen Geschmack. Zu dieser Köstlichkeit serviert man frisch gerissenen Kren und Schwarzbrot – Schinkenliebhaber brauchen nichts dazu!

Adresse Fleischerei Josef Kröppel, Postgasse 1, 1010 Wien | **ÖPNV** U3, Station Stubentor (Ausgang Wollzeile); Straßenbahn 2, Station Stubentor | **Öffnungszeiten** Mo–Fr 7–18.15 Uhr, Sa 7–12 Uhr | **Tipp** Eine Wiener Institution in Sachen Beinschinken ist auch die Firma Thum, die ihre Schinken nach einer hauseigenen böhmischen Familienrezeptur produziert. Die Schinken sind erstklassig, besonders der Beinschinken vom Pannonischen Mangalitzaschwein (www.thum-schinken.at).

13__Das Beuschel

Aufgebauschte Salonfähigkeit

In Wien Meidling, genauer in der dortigen Schlöglgasse, befindet sich auf dem Haus mit der Nummer 17 ein aufwendig gestaltetes Sgraffito mit dem Titel »Wiener Spaziergänge von Schlögl«. Der Künstler Maximilian Florian schuf es 1954 und stellte auf diesem hausfassadengroßen Meisterwerk verschiedene Szenen aus den sittenschildernden Humoresken des Friedrich Schlögl (1821–1891) nach. Schlögl selbst ist durch seine im feuilletonistischen Stil gehaltenen kulturhistorischen Aufsätze bekannt geworden, in denen er meistens über Wien und seine Kultur ironisch zu berichten wusste.

Mit dem Beuschel blieb auch eine der bekanntesten Wiener Spezialitäten nicht von ihm verschont: Schlögl verspottete es in seinem Werk »Wiener Blut« als »ein derbes Purgatorium (Fegefeuer) für einen sündhaften Magen«. Bis heute ist allerdings unklar, was das unschuldige Beuschel dem Schlögl angetan hat, dass dieser ihm so übel mitspielte. Denn tatsächlich ist das Beuschel – insbesondere die Variante Salonbeuschel – nicht nur ein typisches Wiener Gericht, sondern auch eine echte Delikatesse.

Das Wort Beuschel (eigentlich Bäuschel) stellt eine Verkleinerungsform zu Bausch dar und bezieht sich auf die bauschige Beschaffenheit der Lungenflügel. Somit erklärt der Name den Inhalt, denn es handelt sich um ein ragoutartiges Gericht aus Kalbs- oder Lammlunge, in das auch Herz mit eingearbeitet werden darf – dazu reicht man Semmelknödel.

Einst galt das Beuschel als minderwertige Speise der kleinen Leute. Erst im 19. Jahrhundert fand es – mit Obers und Gulaschsaft verfeinert – als sogenanntes Salonbeuschel seinen Weg auf die feinen bürgerlichen Tafeln. Heute ist es aus der Wiener Beisel- und Gasthausküche nicht mehr wegzudenken und ein wahrer Prüfstein für die Küche: Denn Kenner machen ein Wirtshaus nur dann zu ihrem Stammlokal, wenn es dort ein gutes Beuschel gibt.

Adresse Sgraffito »Wiener Spaziergänge von Schlögl«, Schlöglgasse 17, 1120 Wien |
ÖPNV S 1, S 2, S 3, Station Hetzendorf | **Tipp** Gutes Kalbsbeuschel gibt's in Wien vieler-
orts, urig beim Herzog im 15. (Tel. 01/8936929) oder bürgerlich in der Goldenen Kugel
(www.zurgoldenenkugel.at), in feinerer Form beim Eisvogel im Prater (www.stadtgasthaus-
eisvogel.at) oder beim Hohensinn in der Josefstadt (www.restaurant-hohensinn.at).

14_Der »Blaue Karpfen«

Vielerlei Knödelträume

Eine Speisekarte ohne Knödel ist keine Wiener Speisekarte – denn wie sagte noch die werte Köchin Magda Titze: »Wenn schon keine Semmel, dann wenigstens einen Knödel!« Und so sind Knödel bis heute auf jeder Speisekarte eines Wiener Beisels präsent, und sogar das Steirereck im Stadtpark serviert zum Lammbeuschel einen Knödel – einen sehr feinen freilich, aber immerhin einen Knödel.

Hier, im Haus »Zum blauen Karpfen« in der Annagasse, residierte einst der legendäre Koch Sebastian Göschl, der in seinem Lokal »Zum weißen Karpfen« derart köstliche Knödel auftischte, dass er den Ehrentitel »Knödelwirt« verliehen bekam. Der Überlieferung nach wurde der Titel aber vor allem aufgrund der Größe seiner Knödel vergeben.

Friedrich Schlögl berichtete in seinen Betrachtungen über die Wiener Weinkeller: »Die Knödelkeller-Knödel blieben das Muster für alle in dieser Branche Arbeitenden und bewahrten sich einen Ehrenplatz in dem Gedächtnis dankbarer Zeitgenossen.« Legendäre Knödel – und das darf an dieser Stelle doppeldeutig verstanden werden – hatte auch die »Riesenwirtin« in Breitensee, die dem Vernehmen nach Fleischknödeln in der Größe ihres gewaltigen Busens auftischte – mindestens »Kindskopf«-groß sollen sie gewesen sei, heißt es. Ja, da fühlt man(n) sich so richtig wohl und geborgen, wenn zwei (früher traten Knödel IMMER paarweise auf) mit zartem Fleisch prall gefüllte Knödel auf Kraut gebettet vor einem liegen. Und wenn sie dann noch mit einer schönen, saftig-knusprigen Grammel getoppt sind, dann möge die erotische Assoziation von der Damenwelt verziehen werden.

In Wien liebt man nicht nur mit Fleisch, Grammeln, Wurst oder Früchten gefüllte Knödel, gerade die Palette der als Zuspeise gedachten Knödel ist unendlich: Erdäpfel-, Speck-, Grieß-, Pálffy-, Servietten- und Semmelknödel sind da nur die obersten Knospen im Reich der wohligen Wonnen.

Zum blauen Karpfen.

Adresse Zum blauen Karpfen, Annagasse 14, 1010 Wien | **ÖPNV** Straßenbahn 2, 62, D, 71, Station Wien Oper/Kärntner Ring | **Tipp** Berühmt für ihre schönen, großen Knödel sind heute der Heurige Zur Christl (www.zurchristl.at) in der Stammersdorfer Kellergasse (siehe Seite 104), das Gasthaus zur Kriegerheimstätte (www.gasthaus-schina.at) oder auch in der Inneren Stadt Reinthaler's Beisl in der Dorotheergasse 2–4 (Tel. 01/5131249).

15__Der Böhle

Krebsenessen statt »herumkrebsen«

Alljährlich pilgert im Oktober eine verschworene Gemeinschaft von Feinschmeckern ins kleine Bistro, das sich in einem Nebenraum des edlen Feinkostgeschäftes Böhle befindet und wahrscheinlich überhaupt nur Eingeweihten bekannt ist. Der Grund ist das traditionelle Böhle-Krebsenessen, mit köstlichen Edelkrebsen aus den klaren Gewässern des oberösterreichischen Attersees. Was heute logenähnlichen Geheimtreffen ähnelt, war bis zur großen Krebspest, die um 1879/80 über Mitteleuropa hereinbrach und fast den gesamten Bestand vernichtete, ein alltäglicher Schmaus. Krebse waren im alten Wien sehr beliebt und wurden nicht nur gesotten genossen, sondern auch zu zahlreichen Gerichten wie Krebsauflauf, Krebsen-Schöberl, Krebspudding, Krebstorte und Krebs-Bratwürsten verarbeitet.

Aus den sauberen Gewässern der Steiermark, des Burgenlandes oder Oberösterreichs wurden ganze Schiffsladungen nach Wien gebracht, wo sie auf einem eigenen Krebsenmarkt verkauft wurden. Seit 1555 befand sich dieser auf dem Hohen Markt, nach 1768 dann am Stadtwall beim Fischertor (siehe Seite 68). Auf diesen Märkten regierten strenge Krebsenrichter, spezielle Marktrichter, die dafür zuständig waren, dass aus den Unmengen an Tieren alle »umbgestandenen und crepierten Krepsen« in die Donau geworfen wurden, um Seuchen zu vermeiden. Die eh schon herumkrebsenden Händler taten dies freilich nicht immer freiwillig – und zu guter Letzt wurden sie dann auch noch als »Krebsler« verspottet.

Wie wichtig der Flusskrebs für die Wiener war und welch bedeutende Rolle er in ihrer Ernährung spielte, zeigt die Tatsache, dass die Krebsler und Krebslerinnen zu den ältesten Wiener Handwerkstreibenden zählen und als »Kreusler« im Laufe der Zeit zu den »Greißlern« wurden, denen ja bis heute ebenfalls ein gewisses »Herumkrebsen« nachgesagt wird. Das freilich trifft auf den Böhle selbst nur wenig zu.

Adresse Feinkost Böhle GmbH, Wollzeile 30, 1010 Wien | **ÖPNV** U 3, Station Stubentor; Straßenbahn 2, Station Stubentor | **Öffnungszeiten** Mo – Fr 8.30 – 19 Uhr, Sa 9.30 – 17 Uhr | **Tipp** Eine besonders liebevoll gestaltete Greißlerei findet man in Sievering. Sie kam aufgrund einer Bürgerinitiative zustande und will neben Einkaufsmöglichkeit auch eine Art Treffpunkt sein, wo man in Ruhe plaudert, eine Schale Kaffee schlürft oder eine Jause zu sich nimmt (www.sieveringer-greisslerei.at).

16_ Der Bratelbrater

Durchlaucht brät ein

Wenn man durch die heutige Dietrichgasse schlendert, so erinnert nichts mehr an das historische Ereignis, das sich hier am 22. Dezember 1192 zugetragen hat. Niemand Geringerer als der sich inkognito auf der Heimreise befindliche Richard Löwenherz soll hier im damaligen Rüdenhof als Küchenjunge verkleidet den Bratenspieß gedreht haben. Aus Eitelkeit legte Löwenherz den königlichen Siegelring nicht ab, weshalb er vom Küchenmeister enttarnt und mit folgenden Worten festgehalten wurde: »Erlauchter Herr, Ihr seid zu fein, um in Wien hier einen Bratelbrater abzugeben. Euch ist etwas Besseres bestimmt. Ergebt Euch mir, Widerstand ist doch umsonst!« Herzog Leopold V. ließ den wertvollen Gefangenen nach Dürnstein schaffen. Nach mehrwöchigen Verhandlungen wurde Löwenherz gegen Zahlung eines horrenden Lösegeldes am 4. Februar 1194 freigelassen – Leopold gründete mit seinem Anteil in Höhe von 11.690 Kilogramm Silber die Wiener Neustadt. Zudem wurde in Wien der Graben restauriert, im Zuge dessen der geruchsintensive Markt entfernt und an seiner Stelle eine Art Gastrozeile geschaffen, wo sich bald neben hübschen Dirnen zahlreiche Bratelbrater ansiedelten.

Der Ausdruck Bratelbrater wurde früher für Betreiber einfacher Garküchen verwendet, in denen auf großen Drehspießen vor allem Würste, aber auch Henderln, Bratenstücke und Spanferkel vor offenem Feuer gebraten wurden. Sie gelten als die Vorläufer der Wiener Würstelstände (siehe Seite 224).

Heute versteht man unter Bratelbrater Köche, die sich auf das Zubereiten herzhafter Braten spezialisiert haben. Bratenrezepte kennt man im fleischverliebten Wien viele, am beliebtesten sind knusprige Grillhenderln, zarter Schopfbraten und saftiges Bauchfleisch, das in Form eines ofenfrischen Kümmelbratens als Ikone der Wiener Braten-Küche bezeichnet werden darf. Und für so manchen Bratengeiger im feschen Bratenrock ist der schönste Lohn das Bratlfettnbrot!

Adresse Der ehemalige Rüdenhof befand sich in der Gärtnergasse 364, der heutigen Dietrichgasse 16, 1030 Wien | **ÖPNV** U 3, Station Kardinal-Nagl-Platz | **Tipp** Die wahrscheinlich besten Spanferkel von Wien bekommt man beim Novak (www.novaks-spanferkel.at). Wer authentische Henderln kosten möchte, die wie früher am Drehspieß vor offenem Feuer gegrillt werden, muss sich nach Mauerbach in die dortige Waldschenke begeben (www.waldschenke-staar.at) – hier wurde auch das Bild dieser Seite fotografiert.

17__Die Brauerei Schwechat

Das erste Lagerbier der Welt

Franz Anton Dreher (1736–1820) erwarb am 22. Oktober 1796 für 19.000 Gulden das Klein-Schwechater Brauhaus (die heutige Schwechater Brauerei) samt Grundstücken und begründete damit die Dreher-Bierdynastie, die bis 1925 währte.

Franz' einziger Sohn, Anton Dreher sen. (1810–1863), unternahm in jungen Jahren verschiedenste Studienreisen und lernte dabei Gabriel Sedlmayr kennen, den Sohn des Münchner Spatenbräubesitzers. Mit ihm fuhr er nach England, das zu dieser Zeit als »bierführend« galt. Nach seiner Rückkehr begann er als erster Mitteleuropäer nach englischem Verfahren zu brauen und erkannte, dass für die untergärigen Biere – die Spezialität der Bayern – die Kühlung entscheidend war. So ließ er riesige Kühlhallen für die Reifung bauen und pachtete eigene Eisteiche. Nach mehreren Vorläufern entstand 1841 in Schwechat das erste Lagerbier der Welt, da nun untergäriges Märzenbier ganzjährig gelagert werden konnte.

Das Bier erfreute sich bald weltweiter Beliebtheit, und in den 1850er Jahren war die Schwechater Brauerei die größte Brauerei Europas, bevor Anton Dreher jun. (1849–1921) aus ihr die größte der Welt machte. Durch Zukäufe in Budapest und Triest gelangte der Name Dreher nach Ungarn und Italien, wo er noch heute die Bier-Etiketten ziert. Eine alte Dreher-Bierwerbung kann man übrigens in Triest im »Buffet da Pepi« betrachten, während man sich an Dreher-Bier, Kaiserfleisch und Würsteln labt.

Leider ist in Österreich dieser Bierstil – den Bierpapst Conrad Seidl als »rötlich braunes untergäriges Bier mit vollem Körper und angenehmer, nicht zu aufdringlicher Hopfenbittere« beschreibt – zugunsten stärker gehopfter Varianten verloren gegangen. Heute gehört die Schwechater Brauerei zum belgischen Heineken-Konzern. Eigentlich schade, dass nur mehr ein Schild an die traditionsreiche Braustadt erinnert, die zwischen 1938 und 1954 sogar ein Wiener Stadtteil war.

Adresse Das Schild steht von Wien kommend bei der Ortseinfahrt rechter Hand vor dem Schwechater Brauhaus, Mautner-Markhof-Straße 13, 2320 Schwechat. | **ÖPNV** S 1, S 2, S 7, Station Kaiserebersdorf | **Tipp** Eine nicht ganz so traditionsreiche, doch nicht minder bekannte Brauerei ist die 1838 gegründete Brauerei Ottakring im 16. Bezirk, die die letzte verbliebene Großbrauerei Wiens ist (www.ottakringer.at).

18___Das Brotmaß

Handfeste Schmach

Viele Legenden ranken sich um den Stephansdom, das weltberühmte Wahrzeichen Wiens. Tatsächlich hat – wie könnte es anders sein – auch der Dom viel mit Kulinarik zu tun. So soll beispielsweise zum Trinkgenuss nicht geeigneter, weil viel zu saurer Wein zum Anrühren des Mörtels verwendet worden sein.

Über dem nördlichen Eck des Riesentores erinnern zwei metallene Norm-Maße daran, dass hier ein Ort der Rechtsprechung war. Über diesen Maßen befindet sich ein geheimnisvoller Kreis, von dem gesagt wird, dass er ein altes Brotmaß darstelle. Während die Metallstangen tatsächlich betrügerischen Stoffhändlern zum Verhängnis wurden, war der Kreis jedoch keineswegs ein Brotmaß, sondern stammt von einem Eisenhaken, der zur Befestigung des geöffneten linken Flügels des mächtigen Gittertores diente.

Brotmaße gab es im alten Wien dennoch, denn Brot war das Grundnahrungsmittel der Bevölkerung schlechthin. Grobe Verstöße gegen Qualitäts- und Gewichtsvorgaben wurden seit einer mittelalterlichen »Handfeste« (Stadtverordnung) mit dem sogenannten Bäckerschupfen an der Rossauer Brücke bestraft: Der verurteilte Delinquent wurde hierfür in einen Korb gespannt und einige Male in die Donau getaucht – in besonders schweren Fällen wurde das Bäckerschupfen auch in der Stadt vollzogen, dann wurde der Übeltäter in Unrat getaucht. Es war eine harte Strafe, die nicht nur sehr schmachvoll war, sondern mitunter sogar tödlich. Das letzte Bäckerschupfen fand 1773 statt, danach wurde es von Kaiser Joseph II. abgeschafft.

Der Stephansdom, benannt nach dem heiligen Stephanus, ist Namenspate für schöne, wenn auch weltliche Genüsse, die nicht nur am Stephanitag (26. Dezember) munden; Stephani-Braten, ein fein gefüllter »Faschierter Braten«, und der mit Trüffel und Malagawein veredelte Stephani-Rostbraten halten seinen guten Ruf kulinarisch in Ehren.

Adresse Stephansdom, Riesentor (Haupteingang), das Brotmaß ist rechter Hand, Stephansplatz 3, 1010 Wien | **ÖPNV** U 1, U 3, Station Stephansplatz; Bus 1A, 2A, 3A, Station Stephansplatz | **Öffnungszeiten** Mo–Sa 6–22 Uhr, So, Feiertag 7–22 Uhr | **Tipp** Unweit des Stephansdomes befindet sich in der Spiegelgasse mit der Bäckerei Gragger die einzige Bio-Holzofenbäckerei Wiens (www.gragger.at).

19 Buchteln, Svíčková & Co

Als Böhmen noch bei Österreich war …

Kaum eine zweite Küche hat die Wiener Kochkunst so beeinflusst wie die böhmische. Berühmt waren die legendären Köchinnen, die im 19. Jahrhundert im Verlaufe des großen Zuzugs aus Böhmen nach Wien kamen und als Dienstbotinnen in den sogenannten »hochherrschaftlichen Haushalten« vor allem für ihre liebevoll zubereitete Kost für Leib und Seele geschätzt wurden. Diesen Köchinnen verdankt die Donaumetropole den Großteil ihrer viel gerühmten Mehlspeisen (siehe Seite 60). Aufgrund des geübten Umgangs mit Teigen waren die böhmischen Köchinnen in diesem Metier unschlagbar und walkten auch abseits des Küchenreichs Tag und Nacht alles, was ihnen unter die Hände kam.

Böhmische Dalken, Liwanzen, Mohnnudeln, Topfenkolatschen, Buchteln mit Vanillesoße oder Powidltatschkerln sind heute Inbegriffe der böhmischen Küche, wurden aber erst durch die Integration in die Wiener Küche weltberühmt.

Neben den Mehlspeisen kamen noch viele weitere Delikatessen nach Wien und bereicherten die Tafeln, wie zum Beispiel der Olmützer Quargel, die Znaimer Gurken, das Zwetschkenmus Powidl und natürlich der Prager Schinken, in Brotteig gebacken eine besondere »Schweinerei«. Die Krönung der böhmischen Kochkunst sind die Kuttelsuppe Dršťkova, der auch als Weihnachtskarpfen bekannte Schwarzbierkarpfen Vánoční kapr und der unvergleichliche Rindsbraten in Wurzelrahmsoße namens Svíčková, der nach der Kerzenform des Rinderfilets benannt wurde und zu dem die fluffigen böhmischen Knödel besonders gut munden. Und all diese Köstlichkeiten kann man heute noch im Beisel »Zu den drei Buchteln« genießen; nur die sogenannten Ternobuchteln gibt es nicht mehr – diese waren seinerzeit besonders beliebt, weil in ihnen Lose mit Glücksnummern für die Lotterie, den »Terno«, eingebacken waren. Aber wer braucht schon ein Los? Glücklich ist, wer nicht vergisst, dass er böhmisch isst!

Adresse Zu den drei Buchteln, Wehrgasse 9, 1050 Wien | **ÖPNV** U 4, Station Ketten-brückengasse | **Öffnungszeiten** Mo – Sa 18 – 24 Uhr | **Tipp** Ein weiteres Lokal, das sich ganz der Tradition dieser Kochkunst verschrieben hat, ist das urige Gasthaus Zur Böhmischen Kuchl in der Schlösselgasse 18 im 8. Bezirk (Tel. 01/4025731).

20_ Der Buschenschank

Oberlaas Rückzugsgebiet

Es ist so eine Sache mit dem »Heurigen«, denn er beschreibt erstens den Jungwein der jeweils letzten Lese (die Jahrgänge davor sind die sogenannten »Alten«) und zweitens einen Buschenschankbetrieb, der ausschließlich Eigenbauweine zu bestimmten Zeiten ausschenkt. Die erste Darstellung eines Wiener Buschenschanks stammt von 1492, doch erst knapp 300 Jahre später, im Jahr 1784, wurde die Josefinische Zirkularverordnung erlassen, die das Heurigenwesen regelte und nun auch »offiziell« erlaubte, was bereits lang vorher schon Usus war: das Trinken beim Winzer!

Die meisten Heurigen sind mittlerweile voll konzessionierte Restaurantbetriebe, sodass die Buschenschenken nun als »echte« Heurige gelten. In der Vorstellung der meisten Wiener ist der Heurige mit einfacher ländlicher Idylle am Rande der Großstadt verbunden, wohin man sich zurückzieht und im Grünen einige Vierterln Heurigen genießt.

Derartige Buschenschenken findet man am ehesten da, wo nur wenige Fremde hinkommen, wie zum Beispiel in Oberlaa, wo es noch Winzer gibt, die das Lebensgefühl »Wiener Heuriger« vermitteln. Denn der Heurige ist der viel besungene Ort, wo sich auch der kleine Mann was leisten kann und in fremdem, aber doch gewohntem Umfeld bei Wein politisiert, philosophiert, liebt und singt, denn die Wiener Heurigen sind »anarchisch, proletarisch, dionysisch« und eine »Anbahnungsszene amouröser Abenteuer«, wie Friedrich Schlögl 1873 schrieb.

Im Großen und Ganzen gilt noch immer, was Franz Gräffer bereits um 1850 meinte: »Der Heurige ist unter den Weinen, was der Wiener unter den übrigen Leuten, der Wiener beim Heurigen daher ein doppelter Wiener.« Mehr als Wein und Schmalzbrot braucht es dafür genau genommen nicht, aber niemand wird sich empören, wenn es beim Heurigen Surschnitzerln gibt, denn die knoblauch-würzige Variante des »Schweinswiener« mundet besonders gut zu reschem Wein!

Adresse Bruckner Schurli, Liesingbachstraße 49, 1100 Wien | **ÖPNV** Straßenbahn 67, Station Rothneusiedl; Bus 17A | **Öffnungszeiten** Mo−Sa 15−23 Uhr, So 11−21 Uhr | **Tipp** Eine weitere schöne Buschenschenke ist beispielsweise der »Heuriger Koller« (www.heuriger-koller.at) in Sievering.

21_Das Café Frauenhuber

Wiener Frühstück

Das Frauenhuber rühmt sich, Wiens ältestes Kaffeehaus zu sein, in dem schon Mozart und Beethoven den Pianisten mimten. Freilich, auch das Frauenhuber hat sich dem Wandel der Zeit gestellt und sich verändert, doch die biedermeierhaft niedrigen Räume und der Flair der guten alten Zeit sind trotz allem spürbar. Sicherlich wird so mancher Purist »nicht original« murren und die durchgewetzten Samtbänke vergangener Zeiten vermissen, auf denen man stundenlang bei einem Kleinen Braunen die Weltpresse studieren konnte. Die Weltpresse liefert heute das Internet, doch den Kleinen Braunen noch immer der Ober mit einem »gnädige Frau« oder »gnädiger Herr«. Das Wiener Kaffeehaus musste beinahe zwangsläufig eine k. u. k. Erlebnisgastronomie werden, mit allem, was dazugehört. Und dazu passt, dass der einstige Code »Eierspeise, Würstel, Topfenstrudel, Apfelstrudel, Sacher und Frühstückskipferl reichen für die Sättigung« eben nicht mehr reichte – das Wiener Café lebt dadurch weiter, dass es sich dem gewohnten Überangebot angepasst hat.

Ein Fixpunkt war und ist das Wiener Frühstück, das in seiner klassischen Zusammenstellung aus Melange oder Braunem, Kipferl, Semmerl, (Marillen-)Marmelade, Butter und einem weichen Ei besteht. Je nach Hunger und Uhrzeit dürfen auch Extras wie ein Schinken-Käse-Teller, zwei Eier im Glas (traditionell mit Schnittlauch, modern mit Trüffel, Gänseleber und Rahm) oder eine herzhafte Würsteleierspeise dazubestellt werden. Und das erwähnte Kipferl kann als »mürbes Kipferl« (aus gesüßtem weißen Teig gebacken), Brioche-Kipferl (aus Brioche-Teig) oder auch als Croissant (aus Plunderteig) daherkommen – geliebt wird es in jeder Form.

Das Wiener Kaffeehaus und sein Kult leben weiter, nur halt weniger intellektuell, wie Hans Weigel meint: »Trinken und Essen im Café: Das ist wie Interpunktion bei einer Dichtung – gehört dazu, ist aber unwichtig.«

Adresse Cafe Frauenhuber, Himmelpfortgasse 6−8, 1010 Wien | **ÖPNV** U 1, U 3, Station Stephansplatz; Straßenbahn 1, 71, D, 62, Station Oper | **Öffnungszeiten** Mo−Sa 8−24 Uhr, So, Feiertag 10−22 Uhr | **Tipp** Wer traditionellen Kaffeehaus-Purismus sucht, geht ins Weidinger am Lerchenfelder Gürtel 1, wer 365 Tage verpflegt sein will, ins Hummel (www.cafehummel.at), wer illustre Gesellschaft braucht, ins Landmann (www.landtmann.at), und der Autor geht auch gern ins Prückel (www.prueckel.at).

22 Das Café Sperl

Billard und Mayonnaise-Ei

Über die Wiener Kaffeehäuser ist vieles geschrieben und fast alles gesagt worden. Doch es werden wohl nur Leut vom Grund das Wiener Café wirklich verstehen. Das Begreifen der ganz eigenen Atmosphäre, der Weltanschauung seiner Bewohner, des Lebens zwischen Zeitungen, Kartenspielen, Schachbrettern und klackenden Billardkugeln ist als Nicht-Wiener schwer. Nein, hier findet man sie nicht, die »Weana Gemütlichkeit« à la Baedeker-Reiseführer, auch nicht, wenn man das Kaffeehaus-Vokabular ganz genau studiert hat und vorbildlich einen »Großen Braunen«, einen »Einspänner« oder mit Alkohol belebten »Mokka gespritzt« zur Mehlspeise bestellen kann.

Für die Wiener war und bleibt ihr jeweiliges Stammcafé das erweiterte Wohnzimmer, weil man hier nicht zu Hause, aber dennoch nicht an der frischen Luft ist. Das Kaffeehaus als erweitertes Wohnzimmer bedeutet in Wien nicht nur Zufluchtsstätte und Ruhepol »wo man allein sein will, aber dafür Gesellschaft braucht«, wie Alfred Polgar einst treffend vermerkte, sondern auch Unterhaltungs- und Genuss-Stätte.

Das waren noch Zeiten, als die Kaffeehausluft geschnitten werden konnte. Aber der süßlich-bittere Duft von Pfeifen und Zigarren ist passé – danke Politik! Einziger Lichtblick ist da, dass man den sanftmütig vor sich hinkullernden Billardkugeln besser folgen kann. Doch mit dem Rauch haben sich leider auch die Dichter, Denker und Kaffeehausliteraten verzogen und hinterlassen in von Klimaanlagen gereinigter Luft kaum aushaltbare zerebrale Leere. Und so ist das Café heute tatsächlich das, was Alfred Polgar vorherzusehen schien, nämlich »der wienerische Breitengrad am Meridian der Einsamkeit«.

Der Mythos Wiener Café ist angeschlagen. Geblieben sind aber die Billardkugeln und die typischen Genüsse, wie saftige Nußbeugerln, gefüllte Schinkenrollen oder garnierte Mayonnaise-Eier – und das ist schon sehr viel wert.

Adresse Café Sperl, Gumpendorfer Straße 11, 1060 Wien | **ÖPNV** U2, Station Museumsquartier; Bus 57A, Station Köstlergasse | **Öffnungszeiten** Mo−Sa 7−23 Uhr, So 11−20 Uhr | **Tipp** Ein anderes Kaffeehaus, wo man zwar ebenfalls nicht mehr rauchen, dafür aber immerhin noch Canapés und Schinken- beziehungsweise Roastbeef-Röllchen schlemmen darf, ist die Conditorei Sluka (www.sluka.at).

23__Die Chambres séparées

Und ambulante Boudoirs

»Nicht nur die Wollust des Schmausens, sondern alle anderen Wollüste sind in Wien äußerst gemein«, schrieb 1848 Friedrich Nicolai und stellte nicht ohne puritanische Prüderie fest, was in Wien gang und gäbe war, nämlich das Essen im Bordell – der Ausdruck »Beisl« kommt nicht von ungefähr, er wurde gleichbedeutend für »kleines Lokal« und »Bordell« verwendet. Die Damen trieben auch außerhalb der »Extrazimmer« ihr frivoles Spiel mit der Lust; so etwa an der Stadtmauer, am Tiefen Graben, auf Bällen in der Hofburg oder im Fiaker, dem »Boudoir ambulante«.

Eine Schrift aus dem Jahr 1714, die sich bezeichnenderweise »Kurioses Gasthaus« nennt, berichtet: »Die Wirthe … schenken Bier und Wein und halten dabei wilde … Jungfrauen. Manchmahl hat ein jeglich solches Muschenhaus seinen … Spitznamen; als bei der … zum nackenden Kapaunen, bei der angestrichenen Medritat-Kramerin-Frantzl, bei der verguldeten Gaiss.« Zeugen berichteten, dass die Damen an manchen Abenden bis zu 20-mal auf dem »Dachboden« verschwanden. Oder sie stiegen mit einem »feinen Herrn« in die »Porzellanfuhre«, um in einem der vornehmen Chambres séparées zu feiern oder sich in ein verwunschenes Boudoir zurückzuziehen.

Viele Wiener Ausdrücke zeugen von der engen Bindung Essen-Sexualität, wie zum Beispiel das Wort »Tschuri«, von »romani djuuri« abgeleitet – was in der Sprache der Roma nichts anderes als »Suppe« bedeutet, in Wien aber ein Vulgärausdruck für Sperma ist. Auch die »Wiener Auster« ist keine Viktualie, sondern eine spezielle »Stellung«.

Die ausschweifende Prostitution war der Obrigkeit oft ein Dorn im Auge. Als Joseph II. im Zuge einer Liberalisierungswelle ersucht wurde, die strengen Regeln seiner Mutter Maria Theresia zu lockern und öffentliche Bordelle zuzulassen, meinte der Monarch trocken: »Bordelle wollt ihr? – Da braucht man über Wien doch nur ein großes Dach machen lassen.«

Adresse Tiefer Graben (das Foto ist in einem privaten Boudoir entstanden), hier befindet sich auch das Hotel Orient, (Tiefer Graben 30, 1010 Wien), das über stundenweise mietbare, sehr liebevoll gestaltete Boudoirs verfügt. | **ÖPNV** Straßenbahn 1, Station Salztorbrücke | **Tipp** Das PUFF, eine ehemalige Animierbar, ist heute eine der besten Cocktailbars der Stadt (www.puff-bar.at). Wiens exklusivstes Bordell nennt sich BABYLON und soll dem Vernehmen nach auch über ein sehr gutes Restaurant verfügen (www.babylon1.com).

24_ Der Christkindlmarkt

Gebrannte Mandeln, Schirligum und türkischer Honig

Alljährlich kehren sie wieder, so sicher wie das Amen im Gebet: die Wiener Christkindlmärkte. Diese sind im Gegensatz zum Christbaum, der erst in der Neuzeit auftauchte, bereits seit dem Mittelalter bekannt. Der älteste der Welt soll sogar in Wien abgehalten worden sein, als Herzog Albrecht I. den Wiener Bürgern 1296 gestattete, einen »Dezembermarkt« zu veranstalten. Dieser Markt war ein reiner Fastenmarkt, soll heißen: ein Markt, der ausschließlich den Brezel- und Zuckerbäckern vorbehalten war und bei dem die Fleischhauer allenfalls als Besucher gestattet waren.

Josef Richter schrieb in seinen »Eipeldauer Briefen« gegen Ende des 18. Jahrhunderts über die Wiener Weihnachtsmärkte: »Die Gassen wimmeln von Ständchen. Nüsse und Äpfel, die schon Makulatur sind, werden hier für kurante Ware verkauft. Dort stehen Krippen, Christkindchen und Pantalone nebeneinander, gleich neben ihnen eine Herde von Ochsen und Eselein …« Schon damals war es übrigens üblich, die Stände bunt zu schmücken und nicht nur Viktualien, sondern auch Spielzeug und Nippes feilzubieten.

Das Wichtigste am Christkindlmarkt sind seit jeher die kulinarischen Genüsse. Freilich sind heute die Zeiten des Adventfastens vorbei, und auch die Mettenwurst, der erste fleischliche Genuss nach der Mitternachtsmette, ist Geschichte. Längst duftet es auf den Weihnachtsmärkten nicht nur nach gebrannten Mandeln, türkischem Honig, Schirligum (Alt-Wiener Vanillekipferl) und Bratäpfeln, sondern durchaus verführerisch auch nach Bratwurst, Lángos und Döner.

Das Konzept ist erfolgreich: Wurden 1975 noch zwei Weihnachtsmärkte in Wien gezählt, so sind es heute mehr als 20 – der bekannteste befindet sich am Rathausplatz, der traditionellste auf der Freyung. Aber egal wo, das Schönste am Christkindlmarkt ist die einzigartige Atmosphäre, das gesellige Glühweintrinken und der »Vorgeschmack« auf Weihnachten.

Adresse Altwiener Christkindlmarkt, Freyung, 1010 Wien | **ÖPNV** U2, Station Schottentor; U3, Station Herrengasse; Ringstraßenlinien bis Schottentor; Autobus Linien 1A und 2A, Station Schottentor und Herrengasse | **Öffnungszeiten** Nov.–23. Dez. täglich 10–21 Uhr | **Tipp** Auch die Ostermärkte waren früher reine Fastenmärkte, weil sie ebenfalls zur Fastenzeit abgehalten wurden. Der traditionellste ist der seit 1639 auf dem Hernalser Kalvarienberg. Als Spezialitäten gelten die Hernalser Kipferln und das Gigerlfuatter, eine bunte Mischung aus Nüssen und Dörrobst, die dem Studentenfutter ähnelt.

25 Der Demel

Annatorte, Veilchensorbet und ein Museum

Bevor der Demel Wiens berühmteste Konditorei werden konnte, hatte er eine wechselhafte Entwicklung erfahren: 1786 gründete Ludwig Dehne am Michaelerplatz die Burgtheater-Zuckerbäckerei, die das nahe gelegene alte Burgtheater mit Leckereien versorgte – für die Lieferungen waren in Hoflivree gekleidete Lehrlinge zuständig, unter anderen ein gewisser Ferdinand Raimund (siehe Seite 64). 1852 übergab Dehne seine Konditorei an den Gesellen Christoph Demel, der sie an den Kohlmarkt verlegte, wo sie sich noch heute befindet. Schicksalsschläge der Zeitgeschichte und vor allem exzentrische Eigentümer sorgten leider immer wieder für geschlossene Rollbalken. Da waren der wenig geschäftstüchtige, aber sehr künstlerisch-romantisch veranlagte ungarische Adelige Federico von Berzeviczy-Pallavicini, die charmante, aber realitätsfremde junge Altgräfin Cecily Salm-Reifferscheidt oder der verbrecherische Partylöwe »Herr Udo«, ein ehemaliger Schweinehirte. Heute gehört der Demel einer Bank, die nüchtern den Fortbestand sichert, allerdings ohne die (be-)rauschenden Orgien im skandalträchtigen »Club 45«.

Der Demel steht aber auch für Dolce Vita im wörtlichen Sinne, denn die hier fabrizierten Zuckerbäckereien sind wahre Kunstwerke an Kreativität und Geschmack. – Die eindrucksvollsten Figuren haben sich leider ins ruhige Demel-Museum in den Keller zurückgezogen, mit Ausnahme der süßen »Baronesse Vanille von Kipferl«, die hält frech in der Demel-Auslage Hof.

Die eleganten Demel-Salons waren schon immer Treffpunkt des Adels, der Minister, der Reichen und Schönen – auch Sissi hat hier ihre strenge Diät gebrochen und süßes Veilchensorbet geschlürft. Ein Prachtstück aus dunkler Pariser Creme, Schokobiskuit und Orangenlikör ist die nach Anna Demel benannte Annatorte mit ihrer exquisiten Nougatdekoration, die nur für sich allein genommen schon jede Sünde wert ist!

Adresse Konditorei-Café Demel, Kohlmarkt 14, 1010 Wien | **ÖPNV** U3, Station Herren-gasse; Bus 1A, 2A, Station Michaelerplatz | **Öffnungszeiten** Mo–So 9–19 Uhr | **Tipp** Das am Michaelerplatz gelegene Café Griensteidl wurde früher wegen seiner vielen versponnenen Künstler und Literaten unter den Gästen im Volksmund Café Größenwahn genannt. Es war Heimat der fortschrittlichen Künstlergruppe »Jung Wien«, deren hitzige Diskussionen manchmal auch zu Handgreiflichkeiten führten; so watschte hier der Felix Salten unter anderem den Karl Kraus ab.

26 Der Donnerbrunnen

Unterm Mehlspeishimmel

»Mehlspeisen nennen sie Gedichte, Mädchenbrüste Gspaßlaberln«, bemerkte Karl Kraus schnippisch. Der legendäre Ruf der Wiener Mehlspeisküche geht wahrscheinlich auf den in Spanien aufgewachsenen Kaiser Ferdinand I. (1503–1564) zurück, der 1522 die kaiserliche Residenz an die Donau verlegte. Ferdinand war, was Zuckerbäckereien betraf, sehr verwöhnt und berief daher die bewährtesten »Zuggermacher« aus Spanien und den Niederlanden an den Wiener Hof. 1560 trat mit dem Holländer Matthias de Voss der erste Hofzuckerbäcker seine Dienste an. Zu dieser Zeit war die Wiener Mehlspeisküche aufgrund des teuren Zuckers eine rein aristokratische Angelegenheit, doch das blieb sie bekanntlich nicht.

Mit dem ländlichen Zuzug gelangten die derb-sättigenden bäuerlichen Milch-Mehlgerichte nach Wien, wo sie sich in zarte Gebilde aus Zucker, Schaum und Schnee verwandelten. Und mit den geschickten böhmischen Köchinnen und dem billigen Rübenzucker, der seit der Industrialisierung erhältlich war, wurde die Mehlspeisküche verbürgerlicht. Das Mehl – Grundlage all der süßen Zuckerbäckereien – wurde am Mehlmarkt (heute Neuer Markt) gehandelt, wo auf Nummer 5 das städtische Mehldepot stand. Seit 1739 steht hier auch der Donnerbrunnen, der ehemalige Mehlmarktbrunnen.

Neben Kuchen, Torten, Strudeln, Brezen, Kipferln, Krapfen und Kolatschen gelten vor allem die »Wiener Koche« als charakteristisch. Sie werden gerne aus fertigem (altbackenem) Gebäck zubereitet und in eine Haupt- oder Nachspeise verwandelt, die man als Auflauf im Rohr bäckt: Scheiterhaufen oder Semmelschmarren, Kipferlkoch und Kipferlschmarren gelten als typische Vertreter. Aber natürlich gehören zu den Mehlspeisen auch Apfelstrudel, Buchteln, Fruchtknödel, Palatschinken, Topfentaschel, Milchrahmstrudel und, und, und … Wien ist wahrlich die Metropole, über die sich wie nirgendwo anders ein zuckersüßer »Mehlspeishimmel« wölbt.

Adresse Neuer Markt, Plankengasse, 1010 Wien | **ÖPNV** U 1, U 3, Station Stephansplatz | **Tipp** Die Liebe der Habsburger zu ihren Mehlspeisen hielt ja bekanntlich bis Franz Joseph an, der angeblich Gugelhupf zu seinen Leibspeisen zählte – abzulesen ist die Liebe zu allem Süßen auch daran, dass es bis heute in der Hofburg eine »Zuckerbäckerstiege« gibt.

27 __ Das Fensterchen
Arme-Leute-Küche

Trotz oder gerade wegen des Überflusses muss man in einer Genuss-Metropole wie Wien auch an die Armen denken. Vorweg sei gesagt, dass es ihnen in Wien meist besser ging als anderswo. Zumindest gab es in der Geschichte Wiens – abgesehen von Kriegszeiten – keine größeren Hungersnöte. Die echten Armenspeisungen unternehmen seit jeher die Klöster, und noch heute findet eine solche an einem kleinen Fensterchen im Kreuzgang des Franziskanerklosters statt.

Ende des 17. Jahrhunderts ernährten sich die Armen von einer Suppe aus Erbsen, Bohnen, Getreide, Milch und Butter oder Schmalz. Anfang des 18. Jahrhunderts waren die Grundnahrungsmittel Brot, Fische, Krebse, (Rind-)Fleisch und Eier. Im Laufe des 19. Jahrhunderts kam es zu einer Umstrukturierung des sozialen Gefüges – Wien wurde Arbeiter-Großstadt. Für einen normalen Arbeiter gab es im Durchschnitt eine Frühstückssuppe, zu Mittag gekochtes Rindfleisch und Gemüse, am Abend Brot, Butter, Käse und Wurst, eventuell auch Bier.

Diejenigen, welche keinerlei Einkünfte und Unterstützung hatten, wurden von den Versorgungsanstalten verköstigt, die ab 1848 Pfründe ausgaben; das Mindestmaß an Nahrung war: pro Tag 1,5 Pfund Schwarzbrot, 1 Frühstückssuppe, 1 Mittagessen mit Suppe, gekochtem Rindfleisch und Zuspeise sowie eine Abendsuppe. Als 1855 eine empfindliche Lebensmittelteuerung einsetzte, wurden die ersten Volksküchen errichtet, um die Arbeiter mit preiswerter, nahrhafter Kost wie Erdäpfelgulasch zu unterstützen.

Besonders interessant an der Arme-Leute-Küche Wiens ist die häufige Verabreichung von Schmalz, Rindfleisch und Innereien. Der Grund: Was in den Schlachthöfen als »Abfall« galt, wurde sehr billig abgegeben oder gar verschenkt. Daraus entstanden viele Klassiker der Wiener Küche wie Beuschel- oder Kuttelsuppe oder auch das berühmte Bruckfleisch. So richtig darben muss(te) also – Gott sei Dank! – kaum jemand.

Adresse Franziskanerkloster, Franziskanerplatz 4, 1010 Wien | **ÖPNV** U3, Station Stubentor; Straßenbahn 2, Station Weihburggasse | **Öffnungszeiten** Jause für Menschen in Not: Mo−Sa 9−11 Uhr, Suppe für Menschen in Not: Fr 9−11 Uhr | **Tipp** Es ist immer wieder erstaunlich, wie eng Armut und Luxus beieinanderliegen können, denn ganz in der Nähe der Franziskaner-Armenspeisung findet sich das mondäne Palais Coburg mit seinem bekannten Gourmetrestaurant (www.coburg.at).

28 __ Ferdinand Raimund

Menü des Lebens

Es wirkt fast ein wenig arrogant und überheblich, wie der Ferdinand Raimund von seinem Denkmal herabzublicken scheint … und das mag so gar nicht zu dem humorvollen Bild des tragisch-komischen Lebemanns passen, das wir aus der Literatur von ihm kennen.

Raimunds Leben begann verhältnismäßig genussvoll, als er im Alter von 14 Jahren eine Lehre in der damaligen Zuckerbäckerei Dehne, dem späteren Demel (siehe Seite 58), begann. Hier war er unter anderem für die Versorgung des alten Burgtheaters mit Mehlspeisen zuständig: Ein unterirdischer Gang führte von der Konditorei im damaligen Palais Arenberg direkt zum Bühneneingang des vis-à-vis gelegenen Burgtheaters. Als einer der sogenannten »Numeros« (nummerierter Laufbursche) servierte er charmant Mehlspeis und Veilchensirup.

Schnell fiel der schlagfertige Bursche vor allem den weiblichen Akteuren aufgrund seiner schauspielerischen Begabung und seines unnachahmlichen Schmähs auf. Es ist nicht bekannt, ob es die Liebe zur holden Damenwelt oder doch zur Schauspielerei war, weshalb er sein Handwerk an den Nagel hängte, um sich einem Provinztheater anzuschließen.

Prägend für seine Bühnenstücke waren sicher eher die Damen, wenngleich er auch der Kulinarik treu geblieben ist. Sein Fortunatus Wurzel aus dem Stück »Der Bauer als Millionär« rezitiert ein Menü als Metapher für das Menschenleben, und zu diesem Menü wären »alle Leut' der Welt zum Essen eingeladen«. Raimund skizziert in diesem Werk eine klassische Speisenfolge aus dem Biedermeier mit Suppe, Rindfleischgang mit Boeuf à la mode, diversen Zwischengerichten, einem weiteren Fleischgang mit Braten und schließlich noch ein paar Schnecken, bevor Dessert und Konfekt aufgetischt werden. Es könnte alles so schön sein, wäre da nicht das leider nur wenig erfreuliche Ende: »Der Totengräber, ach herrje! Bringt dann die Tasse schwarz Kaffee.«

Adresse Ferdinand-Raimund-Denkmal, Weghuberpark, 1070 Wien (Museumstraße, hinter dem Justizpalast) | **ÖPNV** U2, U3, Station Volkstheater | **Tipp** Der sogenannte Raimund-hof zwischen Mariahilfer Straße und Windmühlgasse ist nach Ferdinand Raimund benannt, der hier 1790 geboren wurde – im pittoresken Durchhaus haben sich einige nette Cafés und Weinbars angesiedelt.

29_Figlmüller

Bröselteppiche groß wie Frisbees

Im Verständnis der meisten Touristen hat ein Wiener Schnitzel hauchdünn geklopft und möglichst groß zu sein, nur wenige wissen, dass ein echtes Wiener Schnitzel anders auszusehen hat (siehe Seite 156). Verantwortlich für diese falsche Vorstellung ist der Stadtheurige Figlmüller, doch es trifft ihn keine Schuld, denn er selbst nennt seine Schnitzel keineswegs Wiener Schnitzel, schon gar nicht original Wiener Schnitzel, sondern schlicht und einfach Figlmüller-Schnitzel.

Es waren schlecht recherchierte Reiseführer, die unbedarften Touristen weismachten, bei Figlmüller das »real Schnitzel« zu bekommen. Weil aber auch viele Wiener das Figlmüller-Schnitzel liebten, wurde aus dem »originellen« schnell das »originale« Schnitzel.

Trotzdem, wer, egal, zu welcher Essenszeit, durch die Bäckerstraße schlendert, muss den Brüdern Hans und Thomas Figlmüller Hochachtung zollen, denn sie verwalten ihr Erbe mit geschicktem Sachverstand. Stundenlang stehen Touristen Schlange, um ein Plätzchen in einer ihrer Filialen zu ergattern, wo sie dann zumeist das ordern, was auf Plakaten als »Wiener Spezialität, die auch satt macht« angepriesen wird: kunstfertig bis zur Durchsichtigkeit dünn geklopfte Karree-Schnitzel (für die spezielle Art des Klopfens gibt es ein eigenes Verfahren), groß wie Frisbees, die paniert und ausgebacken nur der Farbe nach an ein echtes Wiener Schnitzel erinnern. Werden diese mehr als tellergroßen Brösellappen dann serviert, vernimmt man erstaunte Ausrufe wie »How wonderful, I wouldn't be able to eat this in a week!« oder »Sind die aber groß, Mann!« oder »Mi piace molto!« … und die Marie bei den Figlmüllers rennt und rennt.

Der Schmäh ist so gut, dass das Figlmüller-Schnitzel heute tatsächlich das berühmteste der Stadt ist. Und weil die Qualität hoch ist, genießen auch viele Wiener den originellen Schmaus, der im Volksmund liebevoll Bröselteppich genannt wird.

Adresse Figlmüller (Durchgang Wollzeile), Wollzeile 5, 1010 Wien | **ÖPNV** U 1, U 3, Station Stephansplatz | **Öffnungszeiten** Mo–So 11–22 Uhr | **Tipp** Auch der Schnitzelwirt in der Neubaugasse ist für seine Riesenschnitzel berühmt-berüchtigt und mittlerweile so etwas wie ein Kultlokal für Fans von Bröselteppichen in Ufo-Größe (www.schnitzelwirt.co.at).

30__Die Fischerstiege

Weg des Geldes und des Glaubens

Die sogenannte Fischerstiege ist Bestandteil eines der ältesten Stadtteile Wiens, was früheste Urkunden belegen, in denen von einer Straße namens »ad gradus piscatorum« die Rede ist. Sie wurde von Fischern erbaut und diente einerseits dazu, die Ware von der damaligen Schiffsanlegestelle Salzgries zum Fischmarkt zu bringen, und andererseits, eine Marien-Kapelle zu erreichen – anstelle dieser Kapelle wurde in späterer Zeit »Maria am Gestade« errichtet.

Trotz der Binnenlage Wiens haben Fischmärkte eine lange Tradition. Bereits die Marktordnung Herzog Albrechts II. (1298–1358) bestimmte den Hohen Markt zum Fischhandelszentrum, womit dieser der älteste Fischmarkt Wiens ist (siehe Tipp). Später verlegte man den Markt ans Donauufer, ins Fischerdörfel beim Schanzl (siehe Seite 174). 1903 wurden dann an der heutigen Salztorbrücke zwei moderne Fischmarkthallen mit Wasser-, Gas- und Kanalanschluss errichtet, die aber 1972 mangels weiteren Bedarfs aufgelassen wurden.

Hauptlieferanten der Wiener Fischhändler waren schon immer die Donaufischer, die in Wien eine der ältesten Innungen bildeten und in verschiedene Untergruppen eingeteilt waren: die Reuscher, die Fische mit geflochtenen Reusen fangen durften, die Grundgarner, also die Netzfischer, die Scherrer, die mit Leinen angelten, die Segner, die den Fisch im Winter unter der Eisdecke herauszogen, sowie die Strutter, deren Werkzeug ein kleines, an einer Stange befestigtes Netz war. Mit letzterem Gerät sammelten auch die Stadtstreicher ihre Abfälle, was ihnen den Beinamen »Strotter« einbrachte.

Fische und daraus zubereitete Gerichte sind für die Wiener Küche bedeutender als allgemein bekannt, denn sie dienten früher dazu, die langen und strengen Fastenzeiten nicht ganz »fleischlos« überbrücken zu müssen. Nur die »Beamtenforelle« war nicht für die Fastenzeit bestimmt, denn bei ihr handelt es sich um eine Knackwurst!

Adresse Fischerstiege, 1010 Wien (Sgraffito ist an der Wand des Hauses) | **ÖPNV** Straßenbahn 1, Station Salztorbrücke | **Tipp** Über dem Eingang des Durchhauses zwischen Wildpretmarkt und Hohem Markt befindet sich auf Seite des Wildpretmarktes eine Gedenktafel für den einstigen Fischmarkt – auf dieser Tafel sind zwei Fischer mit einem mächtigen Stör abgebildet.

31__Gansln

Festtagsbraten und Karpfenfutter

Was den Burgenländern der Ganslschmaus zu Martini, das war im alten Wien die Weihnachtsgans – ein Festessen! Und weil man ja gerade das strenge 40-tägige Adventfasten mit der Mitternachtsmette beendet hatte, schmeckte der deftige Braten gleich noch mal so gut.

Wie sehr den Wienern das Festessen am Herzen lag, ist in der gar nicht besonders weihnachtlich stimmenden Schrift »Wiener Blut« anschaulich beschrieben: »… am heiligen Tage begann die große Geflügelmassacre, die große Metzelei unter alten und jungen Poulards und Enten und Indians, und die hinteren und vorderen Gansviertel, die Lebern und Magerln, die Flügerln und Bügerln … lagen im malerischen Wirrwarr aufgestapelt auf unserem Teller …«

Die Verquickung von Gänsen und Karpfen, die das kulinarische Weihnachten in Wien prägt, hat einen praktischen Hintergrund: In der Donaumonarchie wurden Karpfen auf denselben Höfen wie Gänse gezüchtet, weil sich erwiesen hatte, dass der Gänsemist ein ideales Karpfenfutter ist und die derart gezüchteten Fische größer, fleischiger und g'schmackiger wurden als ihre Artgenossen.

Gansln waren in Wien aber nicht derart mit Brauchtum verbunden wie anderswo, weshalb sie auch außerhalb der Saison aufgetischt wurden, so hat man im Frühjahr schon mal eine junge, zarte Gans gebacken serviert. Besonders beliebt war die Gänseleber, aus der man Ganslebergulasch, Gansleber im Schmalztopf oder die köstlichen Gansleber-Weckerln zubereitete.

Und weil es in Wien neben dem Weinbau noch immer eine weitgehend intakte Landwirtschaft gibt, sieht man auch heute noch auf vielen Höfen schnatternde Gänse inmitten der Stadt – so wie bei den Steindls. Auch das gut frequentierte Freibad Gänsehäufel deutet auf die lange Tradition städtischer Gänsezucht hin, denn da, wo heute nackte, eingeölte Leiber in der Sonne grillen, wurden früher schnatternde Gänse für schöne, fette Braten gezüchtet.

Adresse Biobauernhof Steindl, Stammersdorfer Straße 67, 1210 Wien | **ÖPNV** Straßenbahn 31, Endstation Stammersdorf, oder von Floridsdorf Regionalbus Linie 228, Station Freiheitsplatz | **Öffnungszeiten** Do–Sa 8–12 Uhr | **Tipp** Der vor den Toren Wiens gelegene Ort Gänserndorf deutet ebenfalls auf die lange Tradition der Gänsezucht im Wiener Umland hin. Heute kommen die meisten in Wien verspeisten Gänse jedoch aus Ungarn.

32__Die Gerstner Beletage
Im Stil der alten Monarchie

Was der Demel dem Adel, das war dem (Groß-)Bürgerlichen der Gerstner auf der Kärntner Straße. In dieser 1847 gegründeten, nicht minder berühmten Konditorei verkehrten vornehmlich Industrielle, Advokaten, Neu-Barone und Neureiche mit ihren meist weiblichen Begleitungen, um ausgiebig zu naschen. Oder man(n) kam her, um den Mitgliedern des Opernballetts beim »Sündigen« zuzusehen. War der Demel schon immer mondän, so war der Gerstner das moderne Gegenbild. Schon allein die elegante Prinzipalin Betty Gerstner war eine Augenweide für sich und stadtbekannt für ihren schnittigen Bubikopf, damals Tituskopf genannt, den sie bis ins hohe Alter trug.

Frau Betty war es auch, die als Erste kleine, feine und pikante Canapés in einer Konditorei einführte, damals ein absolutes Novum und für die Schickeria der Gründerzeit ein echtes Must-have. So trafen sich die Beautés der Wiener Gesellschaft beim Gerstner, um bereits vormittags bei einem Glas Champagner oder einem Aperitif hübsch belegte Brötchen zu genießen. Ein Brauch, der bis heute geblieben ist, und damals wie heute werden die neuesten Roben und Moden diskutiert und vor allem die charmanten aufstrebenden Ballettsternchen und »Marketingassistentinnen« samt ihrer galanten und auffallend großzügigen Begleiter ausstalliert.

Gegenüber der Wiener Staatsoper liegt das berühmte Palais Todesco, in dem niemand Geringerer als Johann Strauß höchstpersönlich seine zukünftige Frau Jetty Treffz kennenlernte, die in Folge auch seine Managerin wurde. Sophie Todesco hielt hier ihren illustren Salon, in dem auch damals schon die Köstlichkeiten aus dem Hause Gerstner kredenzt wurden, die den Gerstner zu dem machten, was er heute ist: Wiens edelster »Salon- und Ball-Caterer«. 2008 übernahm der Betrieb die Beletage des Todesco, in der seitdem Teegesellschaften und glanzvolle Salons im Stile der Monarchie abgehalten werden.

Adresse Gerstner Beletage Palais Todesco, Kärntner Straße 51, 1010 Wien, 2. Stock | **ÖPNV** Straßenbahn 2, 62, D, 71, Station Oper/Kärntner Ring | **Öffnungszeiten** So 11–14.30 Uhr (Reservierung erforderlich) | **Tipp** 1840 wurde mit dem Heiner eine weitere, spätere k. u. k. Hofzuckerbäckerei gegründet, die bis heute für exzellente Mehlspeisen bekannt ist; »Indianer mit Schlag« (siehe Seite 146) oder »Pariser Spitz« sind besonders zu empfehlen. Hier gibt es auch noch den authentischen Wiener Faschingskrapfen mit Zuckerglasur (www.heiner.co.at).

33_ Das Girardi-Denkmal

Fleisch ist (k)ein Gemüse

Milde und wissend lächelnd blickt er drein, der beliebte Volksschauspieler Alexander Girardi (1850–1918), dessen in Falten gelegte Stirn jene Ratlosigkeit zeigt, die er in seiner berühmtesten Rolle als Valentin in Raimunds »Verschwender« verkörperte; unvergessen sind die Zeilen »Der eine heißt den andern dumm, am End' weiß keiner nix« aus dem Hobellied, dem bekanntesten Wiener Couplet (possenhafte Gesangseinlage).

Auf den beliebten Schauspieler soll auch ein berühmtes Rostbraten-Rezept zurückgehen. Katharina Schratt hatte eines Tages ihren Geliebten Kaiser Franz Joseph I. und den Schauspieler Girardi zu Gast und wusste um deren Vorlieben. Franz Joseph war bekennender Rindfleischfreund, Girardi soll mehr dem Gemüse zugesprochen haben. So wies die Schratt im Bestreben, »beide Vorlieben unter einen Hut zu bringen«, angeblich ihre Köchin an, den weich gedünsteten Rostbraten mit reichlich Gemüse zu bedecken, sodass das Fleisch nicht mehr sichtbar war – der Girardi-Rostbraten ward erfunden.

Angesichts der Tatsache, dass der Girardi-Rostbraten mit Weißwein, Speck, Champignons, Kapern und Sauerrahm gedünstet, hingegen der Esterházy-Rostbraten mit Gemüse aufgetischt wird, dürfte auch diese Geschichte zu einer der vielen kulinarischen Legenden Wiens gehören.

Kein Märchen hingegen ist, dass ein gewisser Adolph Girardi – ein Verwandter des Schauspielers – ein reicher und erfolgreicher Zuhälter war. Am damaligen Naschmarkt befand sich ein gut besuchter Straßenstrich, der 1934 verboten wurde. Adolph Girardi kam daraufhin auf die Idee, in der Nähe auf einem leer stehenden Grundstück ein Bordell zu errichten – das Haus steht noch heute in der Girardigasse Nummer 10, was den in ebendiesem Haus lebenden Schriftsteller Robert Menasse dazu veranlasste, in seinem Text »Es wäre nicht Wien – wenn es wäre, wie es scheint« festzustellen: »Ich arbeite in einem Bordell!«

Adresse Girardi-Denkmal, Girardipark, Karlsplatz, 1010 Wien | **ÖPNV** U1, U2, U4, Station Karlsplatz | **Tipp** Auf der Wienzeile fanden sich traditionell zahlreiche Schwulenlokale, das bekannteste ist sicher das Café Savoy (Linke Wienzeile 36). Allerdings hieß das Lokal früher Café Wienzeile und war bekannt für die Freizügigkeit der Damen, die hier ihre Körper feilboten. Bekannt ist das Savoy für seine beiden gigantischen gegenüberliegenden Spiegel, die das Lokal viel größer erscheinen lassen, als es tatsächlich ist.

34_Das Goldkabinett

Prinz Eugen und die französische Küche

Das Winterpalais war der Hauptwohnsitz von Prinz Eugen dem edlen Ritter (1663–1736) und ist ein guter Beleg dafür, dass sich die kriegerischen Erfolge für den Feldherrn auch merkantil mehr als lohnten; er dürfte dem Vernehmen nach sogar eine der reichsten Personen seiner Zeit gewesen sein. Nachdem das Palais von 1848 bis 2007 Sitz des Finanzministeriums war, wurde es generalsaniert und 2013 der Öffentlichkeit zugänglich gemacht. Einer der sehenswertesten Prunkräume ist das Goldkabinett, das als Frühstücksraum gedient haben soll. Seltsam ist, dass die Wiener Küche dem ansonsten hochverehrten Prinz Eugen bis zum heutigen Tag kein einziges Gericht namentlich gewidmet hat, und auch die Vorliebe des Prinzen für die Rezepte seiner Heimat zog spurlos an den Wiener Töpfen vorbei.

Es war Maria Theresias in Lothringen aufgewachsener Gemahl Kaiser Franz Stephan, der ein »renversement des alliances culinaires« vertrat und neben einem Stab von französischen Köchen auch so nützliche Utensilien wie die Gabel an den Wiener Hof brachte. In den feinen und sehr intimen Lust-Cercles des Kaisers hielt dann vermutlich erstmalig auch die französische Küche Einzug und brach die Dominanz des bisherigen Selbstverständnisses einer spanisch-böhmisch-italienischen Fusionsküche am Wiener Hof – modern wurde Frankreichs Küche dadurch nicht, vieles blieb Tünche.

Bis heute hat die französische Kochkunst keine nachhaltigen Spuren im Wiener Rezeptkanon hinterlassen, auch weil die Wiener Küche niemals den Drang verspürte, eine aristokratische Grande Cuisine zu werden, sondern lieber auf Verbürgerlichung setzte. Nur die von Antoine Carême 1821 in Wien erstmals vorgestellte gestärkte »Toque«, die hoch aufragende Mütze der Spitzenköche, welche die bis dato übliche »Schlafmütze« ersetzte, wurde von den Wiener Berufskollegen postwendend übernommen und machte aus ihnen die weltweit ersten »Haubenköche«.

Adresse Winterpalais des Prinzen Eugen, Himmelpfortgasse 8, 1010 Wien | **ÖPNV** U 1, U 3, Station Stephansplatz | **Öffnungszeiten** Mo – So 10 – 18 Uhr | **Tipp** In der Rossauer Liechtensteinstraße 43 siedelte sich 1718 die Wiener Porzellanmanufaktur an. Die »grüne Chinoiserie« geht auf asiatische Vorlagen zurück. Geschaffen um 1720, zählt das Dekor »Prinz Eugen« zu den ältesten der Wiener Porzellanmanufaktur. Prinz Eugen von Savoyen, ruhmreicher Feldherr und Kunstkenner, bestellte das erste Service mit diesem Dekor für den Gartensaal seines Schlosses Belvedere. Seit 1923 wird das berühmte Porzellan im Schloss Augarten produziert (www.augarten.at).

35__Das Griechenbeisl

Fast alle Bürger haben Tavernen

Das Griechenbeisl ist eine der ältesten Gaststätten Wiens und bekannt für sein sogenanntes »Mark Twain Zimmer«, in dem sich im Laufe der Jahrhunderte unzählige Künstler und Politiker mittels eines Autogramms an der Decke verewigten: Mozart, Beethoven, Wagner, Nestroy, Graf Zeppelin, Mark Twain und Egon Schiele (siehe Bild) sind nur einige Beispiele.

Es ist kein Wunder, dass das Griechenbeisl so lange Bestand hatte – die Wiener lieben einfach Wirtshäuser, denn Wien war nie eine Stadt der Luxusgastronomie. Die hiesige Wirtshaustradition steht vielmehr im Zeichen der mittelalterlichen Badstuben, die nicht zufällig auch als »Freß-, Sauf-, Unzuchts- und Luderhäuser« bezeichnet wurden. Tatsächlich wurde das Wörtchen »Elend« im Mittelalter als Synonym für Gasthaus verwendet, weil man diesen wenig Gutes nachsagen konnte – außer, dass es dort eine gute Küche gab! Immerhin dürfte es sehr viele Gasthäuser und Beisel gegeben haben, denn Enea Silvio Piccolomini, der spätere Papst Pius II. (1405 – 1464), schrieb: »In Wien ist es keine Unehre, einen Weinschank im Hause zu haben. Fast alle Bürger halten Tavernen … halten gute Küche, laden leichtes Volk zu sich und geben Speisen umsonst, damit es umso mehr trinke. … Das Volk hält sehr viel von Speis und Trank.«

Dem Umstand, dass sich im Zwielicht der Tavernen allerlei Gesindel einnistete, verdankt Wien seine unverwechselbare Wirtshaussprache: »Acheln« sagt man für Essen, »Johann« für den Wein, »Schürnbrand« ist das Bier, »Gitzlin« bezeichnet ein Stück trocken Brot, die Wurst heißt »Regenwurm«, und mit dem »Breitfuß« schmaust man eine Gans!

Von den legendären Alt-Wiener Wirthäusern – man unterschied zwischen den ehrbaren »Herrenwirten«, in die man mit Pferd einkehrte, und den nicht ganz so ehrbaren »Wirtshäusern«, die man zu Fuß betrat – existieren heute nur mehr wenige, das Griechenbeisl ist ein solches.

Adresse Griechenbeisl, Fleischmarkt 11, 1010 Wien | **ÖPNV** U 1, U 4, Station Schweden-platz; Straßenbahn 1, 2, Station Julius-Raab-Platz (Stubenring) | **Öffnungszeiten** Mo–So 11–1 Uhr | **Tipp** Ein weiteres Lokal, das zur Riege der letzten traditionellen Wirtshäuser Wiens gezählt werden darf, ist das »Ofenloch« in der Kurrentgasse. Im Wissen um die ein-deutig zweideutigen Geschichten und Legenden schrieb Friedrich Torberg ins Gästebuch: »Von allen Löchern – an denen in der Wienerstadt kein Mangel herrscht – ist mir das Ofenloch das weitaus liebste!« (www.restaurant-ofenloch.at)

36__Die Gugelhupfformen

Seelenproviant und Kaisermelange

Kaiser Franz Joseph war für seine spartanische Lebensweise bekannt – er wollte damit Bescheidenheit und Volksnähe dokumentieren. Sein einziges Seelenglück fand er offenbar bei seiner Geliebten, der Burgschauspielerin Katharina Schratt, die ein kleines Palais neben Schönbrunn bewohnte. Geliebte zu haben war damals nichts Anrüchiges, ganz im Gegenteil. Kaiserin Elisabeth höchstpersönlich soll die Dame ausgewählt und ihrem Mann zugeführt haben. Und weil bekannt war, dass sich der Monarch bereits als Elfjähriger für Gugelhupf begeisterte, wurde die Schratt angewiesen, den Kaiser beim zweiten Frühstück oder zur Nachmittagsjause sowohl mit diesem kulinarischen als auch mit ihrem ganz intimen »Seelenproviant« zu trösten.

Der Gugelhupf ist wahrscheinlich nach der kugelförmigen Kopfbedeckung der Wiener Marktfrauen benannt, doch es gibt daneben auch die Theorie, dass er seinen Namen dem Umstand verdankt, dass der Hefeteig beim Aufgehen und Backen »wie eine Kugel aufhupft«.

Obwohl der Kaiser selbst kein Gourmet war, sind dennoch neben dem Kaisergugelhupf (muss Mandeln und Sultaninen enthalten) viele weitere Gerichte der Wiener Küche nach ihm benannt worden: Kaisergulasch, Kaiserschmarren (siehe Seite 96) oder Kaisersemmel beispielsweise sowie die Kaisermelange, ein kleiner gestreckter Kaffee, der mit einem Eidotter und zwei Kaffeelöffeln Honig verrührt und mit einem Schuss Cognac in einer großen Mokkaschale serviert wird.

Die Silberkammer der Hofburg ist mit ihren Gugelhupfformen, Geschirrkisten, Porzellantellern und Kristallgläsern trotz aller royalen Bescheidenheit ein historisches Andenken an Pomp und Luxus unter dem Doppeladler. Franz Joseph selbst konnte zeremoniellen Hoftafeln, all dem Prunk sowie seinem Beruf »Kaiser« nur wenig abgewinnen. Im Zuge einer Volkszählung soll er bei »ausgeübte Tätigkeit« vermerkt haben: selbstständiger Beamter …

Adresse Silberkammer, Hofburg, Michaelerkuppel, 1010 Wien | **ÖPNV** U 3, Station Herrengasse; Straßenbahn 1, 2, 71, D, Station Burgring; Bus 2A und 3A, Station Hofburg | **Öffnungszeiten** Sept.–Juni 9–17.30 Uhr, Juli, Aug. 9–18 Uhr | **Tipp** Auch mit der Wirkungsstätte der Schratt, nämlich dem Burgtheater, wird eine Wiener Mehlspeise in Verbindung gebracht: die sogenannte Burgtheater-Torte aus dem Hause Demel (siehe Seite 58), wo sie aber nur auf Bestellung gebacken wird (www.burgtheater.at).

37_Das Gulaschmuseum

Der Unterschied liegt im Detail

»In Wien bekommt man, genau genommen, in allen Restaurants nur Gulasch zu essen, aber es schmeckt immer anders«, stellte Egon Friedell treffend fest. Tatsächlich kennt man in Wien für kaum eine zweite Speise derart viele Zubereitungen und Varianten wie für das Gulasch, daher muss differenziert werden:

Da wäre zunächst das »Wiener Rindsgollasch«, das mit Mehl – oder authentischer mittels eines mitgekochten Brotscherzerls – gebunden wird und ein Ragout-Gericht ist. Das original »Wiener Saftgulasch« (siehe Seite 208) hingegen wird nicht gebunden, die Sämigkeit des Saftes kommt ausschließlich von den verkochten Zwiebeln, die hier reichlich verwendet werden. Weiter gibt es Gulaschsuppe, die ihrerseits am ehesten dem entspricht, was die Ungarn unter »Gulyás« verstehen, wenngleich das auch ein Kesselgulasch sein kann. Findet man statt Paprikapulver Streifen von frischen Paprika, dann handelt es sich wahrscheinlich um ein »Paprikás«. Das Kalbsrahmgulasch ist wieder mit Mehl gebunden, und mit Rahm verfeinert ähnelt es den »eingemachten« Speisen.

Den Rezeptekanon dieser Gerichte erweitern dann auch noch Köstlichkeiten wie Bierfleisch, Saures Kronfleisch, Pfeffer-, Zwiebel- und Majoranfleisch, von denen Letzteres zu den Klassikern der Wiener Küche zählt.

Nicht vergessen darf man die unzähligen Ableitungen und Varianten, welche von Erdäpfel-, Bohnen- und Fisolengulasch über Wild-, Pferde-, Schwein-, Fisch-, Wurst-, Herz- und Nierengulasch bis hin zu Zigeunergulasch reichen. Dabei war von den Garnituren wie »Fiaker« (»Fiakergulasch«, ein Saft-Gulasch, das mit gegrilltem Würstchen, Spiegelei, Gurkerl und Knödel angerichtet wird, dazu gibt es Paprikasalat), »Znaimer« oder »Sacher« noch gar nicht die Rede – wie gesagt: In Wien gibt es, genau genommen, nur Gulasch zu essen! Es wäre vielleicht wirklich an der Zeit, dieser Spezialität ein echtes Museum zu widmen.

Adresse Gulaschmuseum, Schulerstraße 20, 1010 Wien | **ÖPNV** U 3, Station Stubentor; Straßenbahn 2, Station Parkring | **Öffnungszeiten** Mo−So 10−24 Uhr | **Tipp** Eine Gedenktafel, die an den großen Schriftsteller und Historiker Egon Friedell erinnert, befindet sich auf dem Haus Nummer 7 in der Gentzgasse, 18. Bezirk.

38_ H.-C.-Artmann-Park
Hymne auf das Erdäpfelgulasch

»Das Erdäpfelgulasch ist ein Gericht von köstlicher Vulgarität«, stellte einst der Dichter H. C. Artmann fest und widmete seiner Leibspeise eine Hymne, die in Wien so legendär ist, dass dem Artmann ein Park gewidmet wurde. Dem Vernehmen nach hat der aus Böhmen stammende Jesuit und Alchemist Vojtěch Delavigne die Erdäpfeln 1740 in Alt-Österreich kulinarisch eingeführt und im Wissen um den Gaumen seiner Schäfchen das Erdäpfelgulasch als Zubereitung empfohlen – dieses Rezept bildete die Vorlage für Artmanns Hymne.

Als echtes Ambrosia der armen Leute sollte das Erdäpfelgulasch nach Artmann nur aus den fünf Grundzutaten Kartoffeln, Zwiebeln, Bauchfilz, Paprikapulver und Salz bestehen. Wohlhabenden erlaubt er allerdings die Verfeinerung mit Madeira-Wein, Damen dürfen auch Süß-Sauerrahm dazugeben. Als Beilage gibt es Kümmelbrot.

Als am 9. Mai 1873, inmitten der wirtschaftlichen Euphorie der Weltausstellung, die Börse zusammenbrach und viele Familien ins Unglück stürzten, war plötzlich Schmalhans Küchenmeister. Wie immer gab es Leute, die zumindest die Fassade aufrechterhalten und ihre Armut weder zeigen noch zugeben wollten. Daher konnte man in vielen Häusern am Sonntag aus den Küchen lebhaftes Klopfen vernehmen, ganz so, als ob Schnitzel zubereitet werden würden. Doch die wissenden Hausmeisterinnen lächelten hämisch und tuschelten hinterrucks: »Da klopfen s' wieder mit der Faust auf die flache Hand, damit ma alle glauben, sie ham heut' Schnitzerln. Dabei hab' i selber g'sehen, wie s' beim Rossfleischhauer um zwanzig Kreuzer a dürre Wurst kauft ham – fürs Erdäpfelgulasch!«

Wurst im Erdäpfelgulasch mag nach Artmann unnötiger Luxus sein, doch mit Wurst schmeckt es halt noch mal so gut. Dürre oder Burenwurst – vorzugsweise aus Pferdefleisch – hinzuzufügen ist daher kein Sakrileg und wird sicher auch von Artmann verziehen.

Adresse H.-C.-Artmann-Park, Schützplatz, 1140 Wien | **ÖPNV** U 3, Station Hüttel-dorferstraße; Straßenbahn 49, Station Reinlgasse | **Öffnungszeiten** tagsüber | **Tipp** Eine hervorragende Dürre – wenn auch nicht aus Pferdefleisch – erzeugt die Fleischerei Anton Klaghofer in der Rankgasse 25 in Ottakring (01/4939184).

39__Die Häferlgucker

Semiprofessionelle Topfbeschau

Im Jahr 1158 wurde Heinrich Jasomirgott (1107–1177) mit Gunst der Schottenmönche der Titel »Herzog« verliehen. Im Gegenzug verpflichtete er sich, die Schotten tagtäglich umsonst aus der Hofküche zu verpflegen. Die Speisen mussten naturgemäß von der Burg hinüber ins Kloster getragen werden. Schnell bürgerte sich unter den neugierigen Wienern die Unsitte ein, die Speisenträger aufzuhalten, um an den Töpfen zu riechen oder gar die Deckel abzuheben, um nachzusehen, welche Köstlichkeiten sich darunter verbargen. Heinrich missbilligte das sehr, vor allem weil »man nit wissen soll, was in seiner Kuchl auf seiner fürstlichen Gnaden Leib gekocht wurd«. Er verordnete daher, dass die Schottenbrüder ein Einkommen und Naturalien bekämen »damit sie sich [des Essenholens] enthalten mögen«.

Die Schotten gründeten daraufhin 1175 das Schottenstift und kochten fortan selber. Von der Hofküche verwöhnt, wollten sie die Qualität sichern und betrieben daher nicht nur eigene Landwirtschaft, sondern gründeten auch gleich eine der bedeutendsten Wiener Kochschulen.

Kaiser Leopold II. setzte dann im Kampf gegen die unbeherrschte Völlerei die ersten professionellen Häferlgucker ein, die angewiesen waren, den Hausfrauen und Köchinnen in Töpfe und Pfannen zu schauen, um ein Übermaß an kulinarischen Genüssen zu vermeiden. Die Aufgabe der Kontrolleure bestand vor allem darin, die Anzahl der Gänge und die damit verbundene Zeitdauer bei festlichen Essen zu kontrollieren. Der Adel durfte bis zu sechs Stunden genießen, die Tafeln der Bürger mussten nach drei Stunden aufgehoben werden – außer es gelang, die Staatsorgane dazu zu überreden, selbst ein wenig mitzunaschen …

Bis heute wird der Ausdruck »Häferlgucker« leicht spöttisch für einen Gastrokritiker oder einen sehr neugierigen Küchenbesucher verwendet, der zwar nicht mithilft, dafür aber umso lieber nascht!

Adresse Schottenstift, Freyung 6A, 1010 Wien | **ÖPNV** U 2, Station Schottentor;
Straßenbahn 1, 71, D, Bus 1A, Station Schottentor | **Öffnungszeiten** Di–Sa 11–17 Uhr,
Mo, So und Feiertage geschlossen, Stiftsführungen: Sa 14.30 Uhr | **Tipp** Bis heute ist
das Stift Schotten eng mit Genuss und Kulinarik verbunden, insbesondere wegen der
500 Hektar landwirtschaftlicher Flächen ihrer Betriebe (unter anderem in Wien-Breiten-
lee), wo vor allem Obstanbau, aber auch Ackerbau und Viehzucht betrieben werden
(www.schottenobst.at).

40_Haschahof

Pflückgarten für Salatfreuden

Die Geschichte des heutigen Haschahofs beginnt 1920 mit der damaligen »Gutspachtung Rothneusiedl«. 1987 stellte Rudolf Hascha den Betrieb als einen der Ersten in Wien auf biologischen Landbau um und bietet seitdem Pflückgärten an, wo die jeweiligen Pächter selbst gärtnern und ernten; die Kunden sollen damit möglichst nah an den Ursprung der Nahrungsmittel herangeführt werden, und selbst geerntete Gemüse und Salate schmecken dem Vernehmen nach ja besonders gut.

Apropos Salat: Für viele Nicht-Wiener schmecken die Wiener Salatmarinaden befremdlich. Tatsächlich wird hier nur sehr wenig Essig an den Salat gegeben, dafür aber eine gute Prise Zucker – das soll das Aroma heben, vor allem bei leicht säuerlichen Früchten wie Paradeisern. Aber auch bei Kartoffelsalat und sogar bei Blattsalat macht sich die Zuckerprise vortrefflich. Und so sind die meisten Wiener sehr zufrieden mit ihrer leicht süßlichen Salatmarinade und brauchen da keine Experimente – wozu auch?

»Würze wie ein Weiser, gib Essig wie ein Geiziger und Öl wie ein Verschwender!«, heißt es in einer überlieferten Küchenanleitung für die Salaterin. Ausnahmen bestätigen die Regel, und so kommt auf den Krautsalat etwas Speck, auf den Rote-Rüben-Salat etwas Kümmel, und der Erdäpfelsalat wird mit einem Löffel Mayonnaise zum Mayonnaise-Salat. Aber in den meisten Fällen ist man sowieso mit Erdäpfelsalat oder »Gemsal« mehr als zufrieden.

Beim Gemsal, dem gemischten Salat, findet sich oft auch ein Selleriesalat aus der Konserve – aus gutem Grund: Seit jeher war das Anlegen von Gemüsekonserven mit Hilfe von Salz, Zucker und Essig wichtiger Bestandteil der Wiener Küche, und daher sind Vertreter wie Salz- und Essiggurken, Pfefferoni, Rote Rüben oder eben Selleriesalat sehr typisch und kaum wegzudenken ... und merke: Eine Burenwurst (siehe Seite 224) ohne scharfe Ölpfefferoni geht gar nicht!

Adresse Haschahof, Rosiwalgasse 41–43, 1100 Wien | **ÖPNV** U 1, Station Reumann-platz, dann Straßenbahn 67 bis Rothneusiedl, dann Bus 17A, Station Franzosenweg, S 5 oder S 6 bis Blumental | **Öffnungszeiten** Fr 8–19 Uhr, Sa 10–19 Uhr | **Tipp** Auch die 1909 in Österreich eingeführte Schrebergartenbewegung galt vor allem dem Selbst-anbau von Gemüse, Obst und Salat. Eine der ältesten und größten Anlagen ist der »Kleingartenverein Zukunft auf der Schmelz« (www.kgv-zukunft.at), dessen Schutzhaus für seine schönen Portionen bekannt ist.

41_ Der Heringsschmaus

Keineswegs aus, der Schmaus

Der Fasching in Wien wurde schon immer ausgiebig gefeiert – weltberühmt sind die Wiener Bälle, allen voran der Opernball. Doch so gesittet wie heute ging es früher nicht zu, wie der deutsche Chronist Heinrich von Neustadt zu berichten wusste: »Bei den Donau Phäaken herrschen lose Sitten; Freß- und Trunksucht, grenzenlose Völlerei …« Besonders verwundert war Neustadt darüber, dass sogar »die Wienerinnen schon am frühen Morgen eine ansehnliche Quantität Weines zu sich nehmen.«

Tagelange Räusche, deftige Speisen und derb-erotische »Tischsitten« waren an der Tagesordnung. Im Fastentreiben brach man dann bunt geschmückt mit den letzten Tabus; Musik, Tanz, Wein, Schweinereien und gute Laune, bis Schlag zwölf das Fasteneinläuten den Anbruch des Aschermittwochs verkündete – Überschreitungen des Fastengebots wurden strengstens bestraft!

Besonders im Mittelalter wurden die Fastenzeiten strikt eingehalten. Und die Anzahl der Fastentage war sehr zum Leidwesen der Bevölkerung weit umfangreicher als heute. Jährlich durfte man lediglich an 230 Tagen Fleisch essen, und so waren auch die fleischverliebten Wiener quasi dazu verdammt, sich mit dem »Gratenzeugs« abzugeben. Um in dieser kulinarisch unlustigen Zeit wenigstens die Chance zu haben, ohne eine Sünde etwas Fleischliches essen zu können, wurden kurzerhand auch Biber und Fischotter als »Wassertiere« deklariert – was die Sache etwas erträglicher machte.

Im Haas Beisl ist es, so wie früher in fast allen Alt-Wiener Gaststätten, Tradition, den Gästen am Aschermittwoch einen einfachen Heringssalat zu offerieren – früher haben nicht wenige Wirte diesen Salat an die Stammgäste verschenkt, als Dank für die alltägliche Kundschaft. Aus dem einfachen Fastenessen entwickelte sich mit der Zeit der heutige »Heringsschmaus«, und dieser ist zumeist ein opulenter, aber dennoch gottgefälliger »Festtags-Schmaus«.

Adresse Haas Beisl, Margaretenstraße 74, 1050 Wien | **ÖPNV** U 4, Station Pilgramgasse;
Bus 59A, 13A, Station Ziegelofengasse | **Öffnungszeiten** Mo–Fr 10–24 Uhr, Sa 11–22 Uhr,
So 11–21 Uhr | **Tipp** Am Anfang der Margaretenstraße befindet sich auf Nummer 9 das
Blue Orange (www.blueorange.co.at) – dieser Laden ist für seine guten Bagels stadt-
bekannt – und diese brechen, zumindest mit der klassischen Füllung aus Cream cheese und
Räucherlachs, das Fastengebot nicht!

42 Der Hödl

Der Letzte seiner Art

Von allen Fleischhackern Wiens nimmt die Fleischerei Hödl eine Sonderstellung ein, denn es handelt sich hierbei noch um einen echten Fleischhauer, der selbst schlachtet – früher nannte man die Fleischhauer daher auch Schlachter. Der ursprüngliche Stand der Wiener Fleischer war der (noch heute so benannte) Fleischmarkt in der Inneren Stadt, daneben gab es auch noch einen extra Markt für die Landfleischhauer am Lichtensteg.

Eine der wichtigsten Aufgaben der Fleischer früherer Tage war das Konservieren, das genau genommen durch Einsalzen und Selchen (Räuchern) stattfand. Neben dem Königsprodukt Beinschinken (siehe Seite 32) wurden vor allem Speck und Wurstwaren erzeugt. Weil nicht alle Wiener auf Rosen gebettet waren und sich nicht alle an Rebhühnern, Schnepfen, Fasanen und Kapaunen satt essen konnten, war »die Menschheit genötigt, ein billiges Surrogat für Braten zu suchen«, wie Friedrich Schlögl 1882 schrieb. Und als es schwer wurde, sich zur Vesper ein simples Schnitzel zu gönnen, oder statt einem Rostbraten eine Stoffade aufgetischt werden musste, da schuf die Meisterin Not die »demokratische Wurst«. Bodenständige Wurstwaren wie Selchwürste, Cervelade, Extrawurst, Bratwurst, Presswurst, Leber- und Blutwurst kamen in Mode und natürlich auch die ungarische Salami, das (preiswertere) Pendant zur italienischen Salami. Salami war regelrechter Kult, und je mehr man sich leisten konnte, desto dicker wurden die Radeln g'schnitten!

In den Beiseln war die Wurst immer zu Hause: Ein jeder Wirt, der etwas auf sich hielt, erklärte den Donnerstag zum Wursttag und tischte selbst fabrizierte kesselfrische Dürre, Augsburger mit Erdäpfelsterz oder in Schmalz resch gebratene Blunz'n-Radln mit Sauerkraut auf – die Sitte verfiel, als man in den Lokalen nicht mehr »abstechen« durfte. Aber das machen außer dem Hödl auch die Fleischhacker Wiens nicht mehr …

Wiener Blunzen-König
Fleischerei Hödl
1230 Wien
Eigene Schlachtung

Adresse Fleischerei Hödl, Loosgasse 3, 1230 Wien | **ÖPNV** S 1, S 2, S 3, Station Atzgersdorf | **Öffnungszeiten** Mo 7–12.30 Uhr, Di–Do 7–12.30 und 15.30–18 Uhr, Fr 7–12.30 und 15–18 Uhr, Sa 7–12 Uhr | **Tipp** Das Gasthaus Blunzenstricker (Blutwürste wurden abgebunden, daher »-stricker«) war früher ein auf hausgemachte Würste spezialisiertes Lokal, woran freilich nur mehr der Name erinnert (www.blunzenstricker.at). Gasthäuser, die zwar ihre Würste selbst fabrizierten, diese aber nicht selbst selchen konnten, gingen mit ihren Wurstwaren zum »Lohnselcher« – die Lohnselcherei Schmidt (www.lohnselcherei-schmidt.at) hält diese Tradition hoch.

43__Der Holzkohlengrill

Wien is(s)t Balkan

»Der Balkan beginnt auf der Landstraße«, behauptete Metternich, der am heutigen Rennweg eine Villa besaß, die 1873 demoliert und durch das Palais Metternich ersetzt wurde – den jetzigen Sitz der italienischen Botschaft. Metternich irrte mit seiner Aussage, denn der Balkan beginnt nicht auf der Landstraße, sondern in den Töpfen Wiens.

Neben Ungarn und Böhmen haben nämlich auch die Balkanstaaten etliche wichtige Beiträge zur Wiener Küche beigesteuert. Allen voran den Holzkohlengrill, die kulinarische Identität des Balkans schlechthin, denn bei allen Unterschieden sind sie sich in einem Punkt einig: »Grillen und Weintrinken mit Freunden und Familie ist das Wichtigste im Leben.« Und weil dem so ist, haben nach wie vor alle Balkan-Lokale Wiens, die etwas auf sich und ihre Kultur halten, einen Holzkohlengrill in der Küche – so natürlich auch das Beograd, eines der ältesten Balkanlokale Wiens.

Die Serben haben – weil ähnlich fleischverliebt wie die Wiener – sicherlich die nachhaltigsten Spuren in Wiens Kulinarik hinterlassen, nicht nur mit Grill-Klassikern wie Ćevapčići und Ražnjići, sondern auch mit Gerichten wie der Serbischen Bohnensuppe, dem Serbischen Karpfen (im bekannten Karpfen-Restaurant »Uferhaus« in Orth an der Donau gern schon mal als »Serbenkarpffisch« bezeichnet, www.uferhaus.at) oder dem serbischen Gulýas. Es wundert nicht, dass viele dieser Spezialitäten bis heute fixer Bestandteil der Wiener Wirtshausküche sind.

Zahlreiche Speisen wurden in Wiens Töpfen regelrecht eingewienert und mutierten zu Pseudo-Balkangerichten wie zum Beispiel das sogenannte Serbische Reisfleisch, das von der Würze her an den Djuveč erinnert, von der Zubereitung her aber mehr einem italienischen Risotto ähnelt. Es ist schwierig geworden, in Wien kulinarische Grenzen zu ziehen ... doch wer braucht heute eigentlich noch Grenzen?

Adresse Restaurant Beograd, Schikanedergasse 7, 1040 Wien | **ÖPNV** Straßenbahn 1, 62, Station Paulanergasse; U 4, Station Kettenbrückengasse | **Öffnungszeiten** Di, Mi 17 – 2 Uhr, Do – So 11.30 – 2 Uhr, Küche bis 1 Uhr | **Tipp** In neueren Zeiten, in denen Seefische in der Wiener Küche immer mehr an Bedeutung gewinnen, haben sich auch viele hervorragende kroatisch-dalmatinische Grillrestaurants mit typischer Fischküche etablieren können, so wie beispielsweise die KONOBA (www.konoba.at).

44_ Kaiser Franz Joseph I.
Spartanischer Rindfleischfreund

Kaiser Franz Joseph samt Kaiserschmarren dargestellt erfüllt Klischees. Ist aber Schmarren, denn die berühmte Mehlspeise war sicher nicht des Kaisers Leibgericht. Der Kaiserschmarren ist eigentlich ein *Kaser*schmarren und eine typische Kost der Alm-Senner Salzburgs und Tirols – vom »Kaser« genannten Senner stammt auch der Name. Es lag wohl imagemäßig nahe, aus dem »Kaser-« einen »Kaiser-Schmarren« zu machen.

Franz Joseph ist eher mit spartanischer Lebensweise, frühem Aufstehen und diszipliniertem Pflichtbewusstsein in die Geschichte eingegangen denn als lustvoller Esser. Sein langjähriger Kammerdiener Eugen Ketterl berichtete, dass der Tag um fünf Uhr mit einen Frühstück bestehend aus Türkischem Kaffee, Gebäck, Butter und Beinschinken begann oder nur mit Gugelhupf und Tee. Am Vormittag gab es ein paar Würstel. Präzise mit dem Mittagsläuten trank der Monarch ein Krügerl Bier, um eins wurde das Diner serviert, fast immer ein gesottenes Rindfleisch mit Kohlgemüse, Kren, junger Zwiebel und altbackenem Brot – Tafelspitz und Beinfleisch waren bevorzugt. Dazu trank der Monarch Wein, und zum Dessert gab es eine Virginia mit einem Gläschen Champagner, weil Letzteres sein Leibarzt verordnet hatte. Essen war wie alles in seinem Leben reine Pflichterfüllung: Er selbst nannte das »spartanische Gesinnung«. Auch die Abendessen waren kurz und bündig oder fielen ganz aus.

Natürlich gab es große Hoftafeln. Man speiste à la cour, was hieß: Die ehrenwerten Gäste durften nur so lange kauen, wie der Kaiser kaute. Selten dauerte so eine Festivität länger als 60 Minuten, da auch die Kaiserin derartige Veranstaltungen hasste und aufs Tempo drückte. Die meisten Gäste verließen daher ungesättigt die Tafel, was der ungarische Ministerpräsident Graf Tisza mit den Worten kommentierte: »Bei Kaiser Franz Joseph kann man nach Herzenslust verhungern!«

Adresse Bild stammt aus dem Esterházykeller, Haarhof 1, 1010 Wien | **ÖPNV** U 3, Station Herrengasse; U 1, Station Stephansplatz; Straßenbahn 1, 71, D, Station Rathausplatz/Burgtheater | **Öffnungszeiten** Mo – Fr 16 – 23 Uhr, Sa, So, Feiertag 11 – 23 Uhr | **Tipp** Im Esterházykeller wurden die tapferen Soldaten während der Türkenbelagerung mit Gratis-Wein zur moralischen und körperlichen Unterstützung verköstigt. Das berühmte ungarische Magnatengeschlecht besitzt auch ein Palais in Wien (Wallnerstraße 4), und viele Wiener Traditionsgerichte wie Esterházy-Rostbraten, Esterházy-Gulasch, Esterházy-Torte und -Schnitte sind nach ihm benannt.

45 Der Kaiserpavillon

... und die Geschichte vom Giraffenreis

Der Tiergarten Schönbrunn wurde 1752 von Kaiser Franz I., dem Gatten Maria Theresias, im Schlosspark von Schönbrunn gegründet. Damals bezeichnete man die Anlage als Menagerie, die Tiere waren in zwölf großen Freilandgehegen – sogenannten Logen – untergebracht. Im Jahre 1759 ließ der Kaiser dann diesen wunderbaren barocken Prachtbau errichten, der inzwischen als »Frühstückspavillon des Kaisers« bekannt ist. Heute ist hier ein Café-Restaurant untergebracht, und unter dem frisch restaurierten Kuppelfresko darf man sich durchaus wie ein Kaiser fühlen, auch wenn man selbst nicht »durchlaucht« ist.

Der Kaiserpavillon ist aber noch unter einem anderen Gesichtspunkt sehr interessant, denn ihm schräg gegenüber liegt das Giraffenhaus. 1828 kam die erste Giraffe als Geschenk des Vizekönigs von Ägypten nach Wien. Für sie wurde das Logenhaus, welches eigentlich Stelzvögel beheimatete, umgebaut. Dreißig Jahre später wurde hier die erste Giraffe auf europäischem Festland geboren.

Die erste Giraffe wurde von den Wienern begeistert aufgenommen, und man veranstaltete dem damaligen Usus entsprechend ein Ehrenfest. Dieses Giraffenfest verlangte natürlich eine neue kulinarische Spezialität, und das war der Giraffenreis, ein mit Baiser überbackener Milchreis-Auflauf. Reisauflauf-Rezepte gibt es in der Wiener Küche bis heute zahlreiche, von ganz einfachen, die nur aus mit gefärbtem Eischnee überbackenem Milchreis bestehen, bis hin zu sehr aufwendigen Rezepturen, die Rosinen, Mandeln, exotische Früchte und die damals fast unerschwinglich teure Vanille erfordern.

Als dann die arme Giraffe an Rachitis starb, eine eilends neu herbeigeschaffte aber nicht mehr die Sensation war, wurde der somit ebenfalls unmodern gewordene Giraffenreis 20 Jahre später nach dem Sieger von Custozza umbenannt und hieß fortan Radetzky-Reis.

Adresse Tiergarten Schönbrunn, Maxingstraße 13b, 1130 Wien, www.zoovienna.at | **ÖPNV** U 4, Station Hietzing; Straßenbahn 10, 58, 60, Station Dommayergasse | **Öffnungszeiten** monatlich wechselnd, bitte der Homepage entnehmen | **Tipp** In der Herrengasse 21 im 1. Bezirk befindet sich das Palais Trauttmansdorff (mit Wappen der fürstlichen Familie), in dem die Zeitung »Der Standard« eingemietet ist. Zu Ehren von Ferdinand von Trauttmansdorff wurde ein mit Rum, Vanille und Früchten verfeinerter Milchreis nach ihm benannt.

46__Der Karpfen
Das blaue Wunder

Karpfenfleisch ist zwar ganzjährig erhältlich, doch seit jeher ist der Karpfen ein klassischer Weihnachts- und Fastenfisch Wiens, wenngleich er in heutiger Zeit – vor allem freitags – von Kabeljau & Co kräftigen Konkurrenzdruck erfährt. Und schon immer war es so, dass frisch geschlachtete Karpfen am besten schmecken; eine Tradition, die von »Biofisch« fortgesetzt wird.

Die Beliebtheit des Karpfens zu Weihnachten hat mehrere Gründe, der handfesteste ist sicher der, dass sein Fleisch in der kalten Jahreszeit am wohlschmeckendsten ist. Dass der Karpfen ausgerechnet zum Feste Christi auf der Tafel erscheint, hat allerdings auch theologische und mythologische Wurzeln – lange Zeit glaubte man nämlich, dass der Karpfen geschlechtslos und samenlos sei, weshalb er sich vortrefflich als essbare Metapher für die unbefleckte Empfängnis eignete. Auch dass der Karpfen blau wird, wenn man ihn mit heißem Essigwasser übergießt, galt als »blaues Wunder«, und diese sind ja bekanntlich gerade um die Weihnachtszeit besonders erwünscht.

Und weil die Beliebtheit des Karpfens schier grenzenlos ist, erscheint sein Rezepte-Kanon in Wien besonders bunt: Ungarisches Karpfen-Pörkölt und -Paprikasch, G'fillte Fisch (Gesulzter Karpfen) aus der jüdischen Küche oder Schwarzbierkarpfen und Karpfen Melniker Art aus Böhmen (mit Melniker Wein, Dörrzwetschken und Lebkuchen) sind Spiegelbilder Kakaniens im Kochtopf. Die Wiener selbst steuerten mit ihrer Liebe zu allerlei Innereien die einzigartige Fischbeuschlsuppe bei, jene feine Brühe aus Karpfenkarkassen und -innereinen, in denen dann auch Rogner und Milchner gepaart auftauchen, weil der Karpfen, Gott sei Dank, doch nicht so geschlechtslos ist, wie man dachte.

Am liebsten essen die Wiener den Karpfen serbisch (papriziert gebraten mit Knoblauchbutter) oder gebacken – was freilich kein Wunder ist!

Adresse Biofisch, Bergsteiggasse 5, 1170 Wien | **ÖPNV** Straßenbahn 44, Station Yppen-gasse | **Öffnungszeiten** Do 14–18 Uhr, Fr 12–18 Uhr | **Tipp** Die berühmtesten Karpfen-zuchten befinden sich heute im nordwestlich von Wien gelegenen Waldviertel, das mit seinem kühlen Klima und sauberen Gewässern ideale Bedingungen für schmackhafte Karpfen bietet (www.waldviertler-karpfen.at).

47_Der Kellerbrunnen
Im tiefen Keller

Im 13. Jahrhundert baute man Wien weiter unterirdisch aus, was sich in zweierlei Hinsicht glückbringend auswirken sollte, denn erstens boten die kühlen Gewölbe wunderbare Lagerstätten für Wein und Vorräte aller Art, und zweitens gewährten sie – zum Beispiel während der Türkenkriege – sichere Zuflucht und Schutz. Und wenn es hart auf hart ging, konnte man sich mit dem vorhandenen Wein auch noch Mut antrinken oder, so wie im Esterházykeller geschehen, die tapferen Krieger mit dem kraftspendenden Rebensaft motivieren.

Die ersten Stadtheurigen entstanden aus Trinkstuben und Badeanstalten, wo das kulinarische Angebot nur aus Brot, Zwiebeln, Knoblauch, Bier und Wein bestand, um die Gastronomie nicht zu schädigen – Mann kam ohnedies aus anderen Gründen. Aus den einstigen Lagerkellern wurden später Schankstuben. Mit dem oberirdischen Wien wuchs das unterirdische Schritt für Schritt mit. So entstand eine vom Sonnenlicht abgeschiedene Metropole mit Menschen und Tieren, die in ihr lebten. Man konnte mit der Kutsche unterirdisch von der Innenstadt bis nach Schönbrunn hinausfahren, und da die Pferde samt Kutscher Wasser brauchten, wurden eigens Brunnen angelegt – ein solcher unterirdischer Brunnen aus dem 14. Jahrhundert ist heute noch im »Zwölf-Apostelkeller« zu besichtigen.

Ein besonderer Keller, nämlich der Hofkeller in der Burg, schaffte es sogar, in den Abenteuergeschichten des Freiherrn von Münchhausen erwähnt zu werden, nämlich bei dessen Wette mit dem Sultan: Münchhausen trank mit dem islamischen Herrscher (trotz Koran) Wein, und zu vorgerückter Stunde ließ der Sultan mit den Worten, es gäbe »keinen besseren«, seinen edelsten Tokajer aus dem Keller holen. Doch Münchhausen widersprach und behauptete, dass es in Wien einen noch besseren gäbe, im Keller des Kaisers! Man wettete, Münchhausen gewann, und wenn sie nicht gestorben sind, dann trinken sie noch heute.

Adresse Zwölf-Apostelkeller, Sonnenfelsgasse 3, 1010 Wien | **ÖPNV** U 1, U 4, Station Schwedenplatz; Straßenbahn 1, 2, Station Schwedenplatz | **Öffnungszeiten** Mo−So 11−24 Uhr | **Tipp** Es waren vor allem die Klöster, welche den Kellerbau vorantrieben, denn die weiche Lössschicht ließ sich leicht bearbeiten und eignete sich, da sie die Räume trocken hielt, gut zur Lagerung. Ein solcher Keller ist der Melker Stiftskeller (www.melkerstiftskeller.at). Einen Eindruck, wie die unterirdische Stadt ausgesehen hat, vermittelt »Der Keller« am Laurenzerberg (www.derkeller.at).

48_Die Kellergasse

Wo Wien noch Wein ist …

Es ist bekannt, dass Wien als einzige Hauptstadt der Welt nicht nur ausgedehnte Landwirtschaft betreibt, sondern hier auch über 700 Hektar Weingärten bewirtschaftet werden. Diese haben neben ihrer primären Funktion als Traubenlieferanten auch eine ökologische Aufgabe zu erfüllen, denn sie sind ein lebendiger Lebensraum inmitten der Großstadt: Ein Hektar Weingarten produziert den Sauerstoff-Jahresbedarf von 25 Personen. Wie wichtig diese grüne Lunge ist, sieht man, wenn man inmitten der Weinberge stehend seine Blicke über den Wiener Dunst hinwegschweifen lässt.

Oberhalb der Stammersdorfer Kellergasse – Wiens schönste und urigste Kellergasse – befindet man sich inmitten einer ländlichen Idylle, und die einem vor den Füßen liegende Metropole wirkt wie in eine andere Welt verrückt. Ein bekanntes Lied besingt »in der Kellergass'n sitz' i ganz verlassen«, doch das wird hier kaum jemandem so wirklich gelingen, denn der Wein verbindet. Man sitzt inmitten der Weingärten und blickt sinnend dorthin, wo der nächste Jahrgang reift. Und man kostet von den vergangenen Jahrgängen, die in tief in den Löss gehauenen Kellern lagern. Viele der alten Keller – Zeugnisse der Wiener Weinkultur – sind Heurigenschänken angeschlossen und ganzjährig bewirtschaftet. Ja, in der Kellergasse kann man noch das alte Wien erleben – zumindest beim »Mailüfterl« oder den »Stürmischen Tagen«, denn da ist der Trubel groß, und es wird gefeiert, als gäbe es kein Morgen. Und wenn der schönste Tag zu Ende geht, singen die frohen Zecher frei nach Gerhard Rühm: »Dar wein, dar wein, dar wein, sunsd foed ma goa nix ein …«

Wie meinte noch der Literat Mirko Jelusich: »Der Wiener ist ein unverbesserlicher Romantiker, und wo er kein Paradies vorfindet, macht er sich eines zurecht!« Und der alles erheiternde Wein hilft ihm dabei, denn der ist ein Stück vom Himmel und macht das Dasein erträglicher.

Adresse Weinbau Göbel, Stammersdorfer Kellergasse 131, 1210 Wien | **ÖPNV** S 1, S 2, S 3, S 7, Station Floridsdorf, mit der Buslinie 228 bis vor die Haustür | **Öffnungszeiten** Mo, Fr, Sa 16–22 Uhr, So und Feiertag 12–22 Uhr | **Tipp** Ein weiterer sehr besuchenswerter Kellergassenbetrieb ist der Heurige Zur Christl (www.zurchristl.at). In Stammersdorf selbst gibt es eine ganze Reihe von urigen Heurigen, die noch viel ursprüngliches Wien bewahrt haben. Ein bekannterer Betrieb ist das Weingut Christ (www.weingut-christ.at).

49__Kierlinger

Heuriger und Liptauer

»Es wird ein Wein sein!«, sangen einst Hans Moser und Paul Hör-
biger und machten damit den Wiener Heurigen im deutschsprachigen Raum zum vermeintlichen Inbegriff der »Wiener Weinselig-
keit«. Seither ziehen tagtäglich Karawanen durch Grinzing und
Neustift, um unbedarften Touristen näherzubringen, was die sich
klischeehaft unter einem »Heurigem« vorstellen. Und viele der ehemaligen Heurigen mutierten zu Heurigen-Restaurants mit Riesen-
schnitzeln und Stelzenplatten. Und da der Begriff nicht geschützt
ist, kann ihn jeder Wirt nach Gutdünken verwenden, muss sich aber
mittlerweile der Skepsis der Einheimischen, die naturgemäß unter
einem Heurigen etwas anderes verstehen, gewiss sein.

Etwas abseits vom Trubel liegt das malerische Nussdorf, das mit
dem Nussberg eine der besten Weinlagen Wiens hat. Hier gedeihen
auch die edlen Tropfen der Hauerfamilie Kierlinger. Doch nicht der
»Gemischte Satz« (siehe Seite 226) und der schöne Riesling allein
machen den Kierlinger so besonders, sondern die Tatsache, dass man
bestrebt ist, die Ursprünglichkeit des Wiener Heurigen zu bewahren,
und dazu gehört – neben einfachen Holztischen – ein naturbelasse-
ner Garten, weil nämlich der Wiener der Natur am liebsten beim
Heurigen begegnet.

Und dazu gehört, dass man sich an einfachen Speisen wie Schmalz-
und Bratlfettnbrot, Aufstrich-Broten, Speck und Selchfleisch, Käse,
kaltem Schweinsbraten, Salzmandeln, Weinbeißern (ein mit weißem
Zuckerguss glasiertes Lebkuchengebäck), Manner-Schnitten und
Pischinger-Torte gütlich tut. Beim Kierlinger ist man stolz auf das
aus vier Sorten Käse hergestellte Hausrezept des Liptauers – freilich
handelt es sich hierbei um die »eingewienerte« Variante auf Topfen-
basis und nicht um die ursprüngliche aus papriziertem slowakischem
Bergbrimsen (Schafstopfen). Zusammen mit einem »Gemischten
Satz« oder einem G'spritzten ist der Kierlinger-Liptauer für die Wein-
beißer »ein Stück vom Himmel«!

Adresse Heuriger Matthias Kierlinger, Kahlenberger Straße 20, 1190 Wien | **ÖPNV** Straßenbahn D, Endstation Nussdorf | **Öffnungszeiten** bei Aussteckzeiten: Mo–Sa 15.30–24 Uhr, So 15.30–23 Uhr | **Tipp** Vom Heurigen Hirt kann man einen traumhaften Blick über die Weingärten, das Kahlenbergerdörfl, die Donau und Wien hinweg bis zum Prater genießen. Erreichbar ist der Hirt vom Kahlenbergdorf aus, und bekannt ist er für seine Fleischlaberln (www.heuriger-hirt.at). Der älteste Heurige ist übrigens die »10er Marie« in der Ottakringerstraße 222–224.

50_Kolschitzky

Kundschafter und Kaffeesieder

Die Geschichte vom mutigen Kundschafter Georg Kolschitzky, der sich, als Türke verkleidet, 1683 durch die gegnerischen Linien schlich, um den Feind auszuspionieren, ist genauso abenteuerlich wie legendenhaft. Es mag schon sein, dass die Türken, welche das Lager fluchtartig verließen, Hunderte Säcke Kaffee »vergessen« hatten, allerdings war der Kaffee in Wien damals längst bekannt. Das Kaffeehaus hingegen noch nicht, denn das erste – zumindest das erste offizielle – Café eröffnete ein Grieche namens Johannes Theodat 1685. Nach dem Türkenkrieg erhielten einige verdiente Kundschafter, wie besagter Georg Kolschitzky, das Privileg, Kaffee zu rösten und auszuschenken.

Schon bald grenzten sich die Kaffeehäuser von den Beiseln dadurch ab, dass sie mehr Komfort und einen besseren Service boten. Seit 1703 gab es Zeitungen, Spiele wie Schach, Billard und Ähnliches folgten. Schnell wurde das Kaffeehaus institutioneller Teil des gesellschaftlichen Lebens sowie Treffpunkt der Künstler und Lebenskünstler, der Schauspieler und ihrer Gespielinnen, der zu früh verwitweten Hofratsdamen und ihrer Eintänzer sowie Lebensmittelpunkt der alles besser wissenden Studentenwelt. Sie alle saßen da und genossen eine der zahlreichen Wiener Kaffeespezialitäten wie Kleiner und Großer Brauner, Einspänner (Achtung: kann auch ein einzelnes Frankfurter Würstl sein), Fiaker, Franziskaner, Häferlkaffee, Kaisermelange, Kapuziner, Konsul, Maria Theresia, Mazargan, Mokka (g'sprizt), Obermayer, Obers g'spritzt, Schale Gold oder auch einen Wiener Eiskaffee, um einige Beispiele zu nennen.

1750 erhielt der Cafetier Gianni Tarroni zum ersten Mal die Erlaubnis, im Sommer Tische und Stühle vor seinem Kaffeehaus aufzustellen – die Geburtsstunde der Wiener Schanigärten. Und nach der 1990 einsetzenden Kaffeehaus-Renaissance heißt es in Wien nicht mehr nur »alles Walzer«, sondern endlich auch wieder »Kaffeehaus überall«.

Adresse Kolschitzky-Denkmal am Haus in der Favoritenstraße 23, 1040 Wien | **ÖPNV** U 1, Station Hauptbahnhof | **Tipp** Am alten »Haarmarkt«, also an der Stelle, wo einst Owanes Astouatzatur – alias Johannes Theodat (Diodato) – das erste Wiener Kaffeehaus eröffnete, befindet sich in der heutigen Rotenturmstraße 14 eine Eis-Greißlerei (www.eis-greissler.at).

51_ Der Konstantinhügel

Paulines heile Welt

Wirklich einsam und verlassen (wie auf dem Foto) ist die Prater Hauptallee freilich nur höchst selten. Doch kaum ein Spaziergänger, Radfahrer oder Jogger wird sich daran erinnern, dass oben auf dem Konstantinhügel, der heute nur mehr als Rodelhügel im Winter bekannt ist, seinerzeit eines der schönsten Kaffeehäuser Wiens stand. Auf dem sieben Meter hohen Hügel errichtete Edouard Sacher (siehe Seite 170) ein traumhaftes Kaffeehaus, das von Wasserkaskaden und parkähnlichen Gartenanlagen umgeben war und entsprechend eindrucksvoll gewesen sein muss. In den 1970er Jahren gab es zwar Pläne einer Wiederherstellung, doch nach einer Brandstiftung mussten die verkohlten baulichen Reste 1977 abgetragen werden.

Der Konstantinhügel erlangte auch durch Fürstin Pauline Metternich (1836–1921), die von sich sagte: »Ich bin nicht schön, es ist viel schlimmer«, große Bekanntheit. Die Enkelin des Staatskanzlers Fürst Metternich war eine wohltätige Salonnière, die zwischen den Baronesserln, Bankiers, Kavalieren und Cocotten im Demel bei Mokka und Zuckerschaum Pläne schmiedete, wie ihre karitativen Bemühungen zu finanzieren seien. Pauline, die sich gern als »fürstliche Gewohnheitsbettlerin« titulierte, war regelrecht besessen davon, finanzielle Mittel für Spitäler oder humanitäre Einrichtungen zu sammeln.

Zur Legende wurden ihre Praterfeste. Das erste von ihr organisierte fand am letzten Maiwochenende 1886 auf der bunt geschmückten Hauptallee unterhalb des Konstantinhügels statt und lockte 268.000 zahlende Besucher an – das entsprach einem Viertel der Wiener Bevölkerung. Für das gemeine Volk gab es auf der Hauptallee Bier, Wein und Backhenderl und für die feine Gesellschaft am Konstantinhügel Champagner, Kaviar und Gänseleberbusserln – alle waren glücklich und huldigten Pauline: »'s gibt nur a Kaiserstadt, 's gibt nur ein Wien! 's gibt nur a Fürstin, d' Metternich-Paulin!«

Adresse Prater Hauptallee, 1020 Wien (der Konstantinhügel liegt südlich der Prater Hauptallee zwischen Rotundenallee und Rustenschacherallee) | **ÖPNV** U 1, S-Bahn S 1, S 2, S 3, S 7, Straßenbahn 5, 21, 0, Station Praterstern | **Tipp** Am 18. Oktober 1814, dem ersten Jahrestag der Völkerschlacht bei Leipzig, bei der Napoleon vernichtend geschlagen worden war, wurde anlässlich des Wiener Kongresses ein opulentes Armeefest mit fast 20.000 Gästen im Prater gefeiert. Im Mittelpunkt stand der Empfang im Lusthaus, bei dem die kaiserliche Familie im ersten Stock mit hohen Souveränen sowie Feldmarschall und Kriegsminister Fürst Schwarzenberg speiste.

52 Die Krapfenbäckerei

Die Legende von den Cillykugeln

Der Fasching in Wien war seinerzeit ein riesiges Volksfest mit überschwänglichen Gelagen und ausschweifenden Tanz-Belustigungen, die bis ins 17. Jahrhundert vom Stadtrat finanziert wurden. Das Volk feierte mit freizügigen Fastnachtsumzügen, während sich Adel und Bürgertum auf mondänen Hofbällen amüsierten.

Am tollsten trieb man es traditionell am Faschingsdienstag, wo so mancher Ringeltanz, bedingt durch übermäßigen Alkoholgenuss, in einer sexuellen Ausschreitung auf offener Straße endete. In Faschingshütten wurden Met, Lebzelten (Lebkuchen) und Krapfen aller Art feilgeboten – bis Schlag zwölf das Fastenläuten den Anbruch des Aschermittwochs verkündete und der kollektiven Hetz ein jähes Ende setzte.

Unzertrennlich mit dem Wiener Fasching verbunden sind die Faschingskrapfen. Wer einen davon mit seinem Mädchen teilte, tat damit den ersten Schritt in Richtung Ehe. Gern wurden auf der Straße Wetten abgeschlossen, wer die meisten Krapfen essen könne, und in Gasthäusern erhielten die Stammgäste Faschingskrapfen gratis. Krapfen waren so beliebt, dass allein im Kongressjahr 1815 um die zehn Millionen Stück verspeist wurden.

Die runden Gebäckstücke aus Hefeteig gibt es bereits seit der Antike, doch den Wiener Faschingskrapfen soll einer kulinarischen Mär zufolge die Hofratsköchin Cäcilia »Cilly« Krapf 1690 erfunden haben. Ihre »Cillykugeln« waren zwar nur Abwandlungen bereits bestehender Krapfen, doch immerhin handelte es sich um die Vorbilder unserer heutigen Krapfen, sodass ihre Verdienste unumstritten sind.

Die Bäckerei Groissböck hat sich auf die Zubereitung von »Cillykugeln« spezialisiert und bietet neben den mit Marmelade gefüllten auch solche mit Vanillecremefüllung an – und diese leicht mit Zuckerglasur überzogene Variante ist genauso eine echte Wiener Spezialität wie die »Schlosserbuam« und »Wäschermadln«!

Adresse Bäckerei Groissböck, Neilreichgasse 96–98, 1100 Wien | **ÖPNV** Straßenbahn 67, Station Raxstraße/Neilreichgasse; Bus 15A, Station Raxstraße | **Öffnungszeiten** Mo–Sa 7.30–19 Uhr, So und Feiertag 8–19 Uhr | **Tipp** Der Laden von Cäcilie Krapf lag am ehemaligen Peilertor, das 1732 aus verkehrstechnischen Gründen abgerissen wurde. Das Peilertor stammte aus der Zeit der Babenberger und befand sich zwischen heutigem Kohlmarkt und Tuchlauben.

53__Das Kümmeltürk
Verkanntes Kompliment

Es ist schon eine Krux, die Sache mit der deutschen Sprache. Da will ein türkischer Restaurantbesitzer offensichtliche Selbstironie beweisen, und heraus kommt ein fataler Irrtum. Denn der »Kümmeltürk« hat nichts mit den Türken zu tun, gleichwohl mit »Türkei«, aber nicht mit der, an die man jetzt denkt. Der Ausdruck »Kümmeltürk« stammt aus Halle und wurde im 18. Jahrhundert von Studenten (abfällig) für Kommilitonen verwendet, die aus der sogenannten »Kümmeltürkei« stammten; damit war die Gegend rund um Halle gemeint, wo damals viel Kümmel angebaut wurde, und mit »Türkei« bezeichnete man verschiedene trostlose und wenig lebenswert erscheinende Landstriche.

Zerlegt man das Wort Kümmeltürk in seine Bestandteile, so erhält man zwei für die Wiener Küche entscheidende Punkte, nämlich erstens den Kümmel und zweitens die türkischen Einflüsse. Der (Wiesen-)Kümmel ist seines Zeichens mit Abstand das wichtigste Gewürz der traditionellen Wiener Küche und aufgrund seiner Bedeutung namensgebend für Klassiker wie Kümmelbraten, Kümmel-Karpfen oder Kümmelfleisch; er gibt Speisen einen guten Geschmack, harmoniert vortrefflich mit Zwiebel und Knoblauch, und er hilft, deftige Speisen leichter zu verdauen. Und die Wiener Küche wäre ohne die vielen Einflüsse der Osmanen – also der Türken – heute um viele Spezialitäten, vom Gefüllten Paprika über den Strudelteig bis hin zum Mokka, ärmer. Und will man Legenden Glauben schenken, dann wurde sogar das Panieren und Ausbacken von Speisen im alten Konstantinopel erfunden.

Aufgrund der engen kulinarischen Verknüpfung mit ihrer Küche sollten die Wiener das Wort »Kümmeltürk« zukünftig also nicht mehr als Schimpfwort, sondern als Kompliment verwenden. Vielleicht ist der Namensgeber des Restaurant Kümmeltürk ja so ein richtig Oberg'scheiter und wollte derart subtil genau das erreichen – wer weiß das schon so genau?

Adresse Restaurant Kümmeltürk, Rotenhofgasse 11, 1100 Wien | **ÖPNV** U 1, Station Reumannplatz; Straßenbahn O, 67, 6, Station Quellenplatz | **Öffnungszeiten** Mo–Sa 7–4 Uhr, So 7–24 Uhr, auch an Feiertagen geöffnet | **Tipp** Das bekannteste türkische Restaurant Wiens ist sicherlich das KENT am Brunnenmarkt in Wien-Ottakring. Hinter dem KENT verbirgt sich die Geschichte eines Lebenstraumes, die von einem Mann erzählt, der vom Schafshirten über den Lagerarbeiter bis hin zum Restaurant-Mogul aufgestiegen ist und beweist, dass der amerikanische Traum auch in Wien möglich ist.

54__Lahners Würstel

Eine Frankfurter ist keine Wiener

Laut Julius Jakobs »Wörterbuch des Wiener Dialekts« ist das Frankfurter Würstel eine Art »besseres Krenwürstel«, das auch im Gulaschsaft serviert wird. Was in Wien »Frankfurter« heißt, wird aber fast überall als »Wiener Würstchen« verkauft, was bei genauerer Betrachtung jedoch nicht ein und dasselbe ist:

Die verwechslungsanfällige Namensgebung geht auf einen Fleischer namens Johann Georg Lahner zurück, der Ende des 18. Jahrhunderts im Frankfurter »Worschtquardier« das Metzgerhandwerk erlernte, bevor es ihn in die Donaumetropole verschlug. In Wien arbeitete er zunächst als Aufhackknecht, bevor er 1804 in der heutigen Neustiftgasse 111 eine eigene Fleischerei gründete. Hier machte er sich die Tatsache zunutze, dass die Wiener Fleischhauer unterschiedliche Fleischsorten mischen und nicht – wie die Frankfurter – nur jeweils eine Tiersorte pro Wurst verarbeiten durften. 1805 schlägt dann die Geburtsstunde der berühmten Wurst: Lahner lieferte erstmals eine Sorte, die die Vorzüge einer Schweins- und einer Rindswurst in einer Schafsaitlinghülle vereinigte. Die neue Kreation nannte er »Wiener Frankfurter«, und als Lahner am 23. April 1845 starb, war seine Wurst bereits berühmt. »Leopold Lahner, Feine Wurst-, Fleisch- und Selchwaren, Spezialerzeugung der Original Wiener Lahner-Frankfurter Würstel, Gegründet 1805«, lautete etwas umständlich der Firmenname.

Im Laufe der Geschichte wurde immer wieder versucht, die Wurst zu verändern, so ersetzte man das Rindfleisch durch Kalbfleisch, was die Wurst feiner, aber weniger kernig machte. Auch der Fettanteil wurde von 40 Prozent auf rund 25 Prozent und weniger herabgesenkt, was dem Geschmack nicht guttat, wohl aber dem Zeitgeist. Und heutzutage wird sie aus Preisgründen fast immer ausschließlich aus Schweinefleisch hergestellt, womit wir wieder bei der »Frankfurter« wären ... aber halt nicht mehr bei einer »Wiener Frankfurter«.

55_Der Lainzer Tiergarten

Wildschweine und ein armer Schlucker

Kaum war draußen vor den Toren Wiens zur Jagd geblasen worden, brachen in Wiens Küchen und Gasthäusern die »Wildwochen« aus – ein bis heute üblicher, alljährlich auftauchender Usus. Wildbret war so beliebt, dass es schon frühzeitig nicht nur aus der freien Wildbahn kam, sondern auch aus Gehegen wie dem Hirschengarten im Prater. Hasen, Rebhühner und Fasane kamen aus dem Marchfeld, Rehe und Hirsche aus den Donau-Auen und Wildschweine aus dem Wienerwald.

Aus dem Jahre 1457 stammen Überlieferungen zu einem »Thier- und Saugarten« zu Laab im Walde und belegen, dass hier der Kaiserhof sein Jagdrecht ausübte, das ja seit 1156 ein Recht des Adels und des Klerus war. Kaiser Joseph II. hob 1786 das Jagdmonopol auf, ließ aber gleichzeitig um sein eigenes Jagdrevier – den heutigen Lainzer Tiergarten – eine 22 Kilometer lange Mauer bauen, um seine Wildschweine vor fremden Zugriffen zu schützen. Den Zuschlag für den Bau bekam ein Baumeister namens Philipp Schlucker, dessen Angebot das niedrigste war – so niedrig, dass Kollegen und Volk befürchteten, dass er daran pleitegehen und verarmen würde. Und obwohl er nicht nur die Mauer vollendete, sondern noch viele weitere Projekte erfolgreich ausführte, ist der Begriff vom »armen Schlucker« bis heute gebräuchlich.

Obwohl bereits seit 1918 öffentlich zugänglich, ist der Lainzer Tiergarten erst seit den 60er Jahren vorigen Jahrhunderts das, was er heute ist: ein beliebtes Wander- und Naherholungsgebiet. Erholt haben sich auch die Bestände an Wildschweinen, welche in Zeiten der Sowjetbesatzung zwischen 1945 und 1955 nahezu ausgerottet wurden. Dennoch sind Alt-Wiener Klassiker wie »Gekochtes Wildschwein mit Hagebuttensoße«, Wildschweinblutwurst oder der hochgelobte »Gefüllte Wildschweinkopf« sehr selten geworden, weshalb der heutige Wildschwein-Connaisseur zwar kein »armer Schlucker«, aber doch ein »armes Schwein« ist.

Adresse Lainzer Tiergarten, Haupteingang Hermesstraße, 1130 Wien, www.lainzer-tiergarten.at | **ÖPNV** Straßenbahn 60, Station Hermesstraße; Autobuslinie 60B, Station Lainzer Tor | **Öffnungszeiten** wechselnd, bitte der Homepage entnehmen | **Tipp** Auch Fasane waren und sind ein beliebtes Wild und waren gebraten, in Rahmsoße, auf Wiener Art, als »Fasan mit Speckkraut« oder als »Fasan Metternich« gern gesehene Gäste auf Wiens Tafeln – der Fasangarten auf dem Areal des Schlossparks Schönbrunn war früher Jagdgebiet, heute ist er streng geschütztes Naturschutzgebiet.

56_ Das Leinwandhaus

»Betuchtes« Bier für Bacchanalien

Eine etwas unscheinbare mausgraue Tafel erinnert an das sogenannte Leinwandhaus. Im Jahr 1432 bekam das Wiener Bürgerspital, in dem damals vor allem mit Leinen gehandelt wurde, das Braurecht zugesprochen. Und weil sich der Leinenhandel im damaligen Wien zu einer wahren Börse des internationalen Tuchhandels entwickelte, lag nichts näher, als den heftig feilschenden Tuchhändlern erfrischendes Bier anzubieten. Daher errichtete man eine Bierschenke, die das Leinwandhaus zum damals einzigen Brauhaus Wiens machte.

Der unter »Leinwandbier« firmierende Gerstensaft genoss bald einen ausgezeichneten Ruf. Besondere Bedeutung erlangte er allerdings am 24. Juni: Am Johannistag, dem Tag der Sommersonnenwende, wurde auf dem Hohen Markt ein riesiger mit Strohkränzen verzierter Holzstoß verbrannt, dessen Flammen die Innenstadt beherrschten. Trommler, Pfeifer, Diener und phantasievoll Kostümierte zogen hinter den hoch zu Ross sitzenden Ratsherren her, während die freien Töchter der Stadt sowie die Hübschlerinnen Blumen und Kränze verteilten. Danach warfen die Damen ihre Kleidung ab und tanzten um das Feuer, wie ein Chronist berichtet: »Malerisch beleuchtete das rote Feuer die nackten Leiber der Schönen.« Als das Feuer erloschen war, zogen sich die Ratsherren ins Leinwandhaus zurück, »um bei vollem Bierkrug und schäumendem Becher den Abend zu verzechen.

Heute brauchten sie nicht zu fürchten, dass bald die Bierglocke (siehe Tipp) zur Heimkehr mahnte …«. Während sich die Herren der Schöpfung bei Bier und Würfelspiel amüsierten, tanzten in den Gassen die nackten Weiber auf aufreizende Weise, die »jeder Art von Sittlichkeitsbegriffen Hohn sprach«.

Kaiser Ferdinand I. schuf 1524 die Bacchanalien leider ab. Geblieben ist aber bis heute, allen durchlauchten Spaßverderbern zum Trotz, der Begriff »lei(n)wand« für etwas ganz besonders Schönes!

Hier standen im 15. Jahrhundert das Leinwandhaus, die Verkaufsstelle und Börse der Leinwandhändler und das Zunfthaus der Schuster, das Schuhhaus, begrenzt vom Linnengässchen und der Schranne. Beide Zunfthäuser wurden im 16. u. 17. Jahrhundert als Schuldenarrest und Richtstätte verwendet. 1861 erstand ein neues Gebäude das 1877 von der Ersten österreichischen Spar-Casse erworben wurde. Dieses fiel 1945 Bomben und Feuer zum Opfer und wurde in den Jahren 1949/50 durch die ERSTE ÖSTERREICHISCHE SPAR-CASSE aufgebaut, wobei die Camesinagasse, früher Linnengässchen, in die Baufläche einbezogen wurde.

Adresse Durchhaus zwischen Hohem Markt und Wildpretmarkt, 1010 Wien | ÖPNV U1, U3, Station Stephansplatz | Tipp Bei der Bierglocke handelt es sich um die »Bieringerin« genannte Glocke im nördlichen Heidenturm des Stephansdomes. Ihr Geläute forderte allabendlich zum Ende des Bierausschanks und zum Schließen der Schenken in der Stadt auf – weshalb sie im Volksmund verächtlich »Gurglabschneiderin« genannt wurde. Heute wird mit ihr beim Steffl-Kirtag um 21.55 Uhr der Abschluss eines jeden Festtages eingeläutet.

57__Das Looshaus

Ohne Augenbrauen ... »ekelerregend«!

Es ist leider nicht bekannt, ob Kaiser Franz Joseph I. das Looshaus nur deshalb nicht mochte, weil seine klar definierte Fassade keine ornamentartige Verzierung aufwies – weshalb es auch »Haus ohne Augenbrauen« genannt wurde –, oder ob es ihm um den Architekten Adolf Loos ging, der wahrlich kein einfacher Zeitgenosse war. Tatsache ist, dass das Looshaus eines der zentralen Bauwerke der Wiener Moderne ist und damals die Abkehr vom Historismus, aber auch vom Wiener Jugendstil bedeutete.

Adolf Loos war nicht nur Architekt, sondern äußerte sich auch zu Fragen des Geschmacks. Dass er dabei seine Meinung gelegentlich um 180 Grad änderte, schien ihm keine Kopfschmerzen zu bereiten. Vor dem Ersten Weltkrieg konstatierte er, dass man in keiner Stadt der Welt so gut speisen könne wie in Wien. Nach dem Krieg wandelte sich der launische Loos unter dem Motto »Einbrenn gehört verboten!« zum erbitterten Krieger gegen die »allzu füllige Wiener Küche«, die nur aufschwemme und faul mache und verantwortlich für die »Gemütlichkeit und Schlamperei der österreichischen Ämter« sei.

Der Maler Oskar Kokoschka berichtete von einer mystischen Begebenheit mit Adolf Loos, als dieser, offensichtlich in einer schwer depressiven Phase befindlich, 1931 unter seiner Bettdecke einen »von Tomatensaft triefenden Riesenhummer« hervorzog und lamentierte: »Die Österreicher haben den Krieg verloren, weil sie statt der Früchte des Meeres nur Knödel, Strudel und Torten essen!« Adolf Loos begann einen regelrechten Kreuzzug gegen die »ekelerregende Wiener Küche«. Damit revanchierte er sich bei seinen Kritikern – die Wiener liebten seine Architektur nicht, er kritisierte im Gegenzug das, was ihnen am liebsten war: ihr Essen. Er hätte es besser wissen müssen, denn der Sinnspruch »In Wien mußt' erst sterben, damit sie dich hochleben lassen. Aber dann lebst' lang!« ist nicht erst seit Qualtinger bekannt.

Adresse Looshaus, Michaelerplatz 3, 1010 Wien | **ÖPNV** U 3, Station Herrengasse; U 1, Station Stephansplatz; Straßenbahn 1, 2, Station Stadiongasse/Parlament | **Öffnungszeiten** Mo, Di, Mi, Fr 9 – 15 Uhr, Do 9 – 17.30 Uhr | **Tipp** Adolf Loos richtete zahlreiche Cafés, Restaurants und Bars ein. Das Café Museum zeigte sich von 2003 bis 2009 in seinem Stil, litt aber »mangels Gemütlichkeit« unter Besuchermangel, weshalb es sich seit 2010 unter neuer Führung im wohnlicheren Kaffeehaus-Ambiente des Josef Zotti präsentiert (www.cafemuseum.at). Original erhalten ist aber die sogenannte Loos-Bar (www.loosbar.at).

58__Der Ludl

Zarte Versuchungen

Groß-Enzersdorf wird als das Tor zum Marchfeld bezeichnet, das für seinen wunderbar zarten Spargel bekannt ist. Dass neben den Spargelhochburgen Stuttgart, Hamburg und Leipzig auch Wien einst führende Anbau-Metropole war, ist mittlerweile vergessen – umso löblicher, dass die Marchfelder diese Tradition hochhalten. Der Spargel ist – neben dem Bärlauch – der kulinarische Frühlingsbote schlechthin und wichtiger Bestandteil der Wiener Küche; »Spargel mit Butterbrösel«, »Gebackener Spargel« oder »Spargel mit Phallus impudicus« (»unzüchtige Erektion«, auch als »Morchel« bekannt) gelten als traditionell. Seit alters her ist viel Brauchtum mit dem Spargel verbunden, insbesondere aphrodisisches und frivoles; aber nicht aufgrund seiner phallischen Form – in Wien wird der Spargel traditionell recht weich gekocht –, sondern weil die Tischsitte forderte, den Spargel nicht zu schneiden, sondern vom Kopf beginnend als Ganzes in den Mund zu schieben. Man kann sich gut vorstellen, mit welchen Mienen und Hintergedanken die Herren der Schöpfung die zarten Hofdamen beim Spargelschmausen betrachteten … und wenn den Damen beim Zuzeln der Stangen die Béchamelsoße unzüchtig ins Dekolleté tropfte, wird sich unweigerlich der eine oder andere »Phallus impudicus« erregt haben.

Spargel gibt es in der Saison selbstverständlich auch beim Ludl, doch bekannter ist dieses Lokal für eine bodenständigere Spezialität, das Krenfleisch. In Wien wird nämlich nicht nur Rindfleisch gesotten (siehe Seite 134), sondern auch des Schweines Kopf, Goder, Bauch, Stelzen und Knielinge – mit frisch gerissenem Kren wird gekochtes Schwein zum »Krenfleisch«, mit (Wurzel-)Gemüse zum »Wurzelfleisch«.

Wer also beim Ludl im Frühling zuerst Spargel und anschließend ein Krenfleisch genießt, ist sohin ganz sicher auf der zarten Seite – und wenn der Schelm dabei an frivole Verführungen denkt … geschenkt!

Adresse Gasthaus Ludl, Rathausstraße 9, 2301 Groß-Enzersdorf | **ÖPNV** Bus 292, 391, Station Busbahnhof | **Öffnungszeiten** Di, Mi, Fr–So 8–24 Uhr | **Tipp** Eine gute Adresse für den Marchfelder Spargelschmaus ist auch das Gasthaus Abraham im nahe gelegenen Mühlleiten (www.gasthaus-abraham.at).

59__Maria Theresia

Symbol des barocken Wien

Wien, Weltstadt des Barocks. Durch gezielte Heiratspolitik wurde Wien Zentrum einer Großmacht. Das neue Selbstbewusstsein drückte sich in Architektur, Malerei und auf den Tafeln aus. Der üppige Lebensstil des Barocks prägte Essgewohnheiten und Figuren.

Maria Theresia, Österreichs größte Kaiserin, ging mit gutem Beispiel voran. Sie redete wie ihre Landsleut, sie genoss ein sehr sinnliches Liebesleben, aus dem 16 Kinder hervorgingen, sie liebte heimische Kost und war dem Vernehmen nach so natürlich und herzlich, wie es sich ein Volk nur wünschen konnte. Und damit dieses bei Laune blieb, schuf sie die Schmauswaberln (siehe Seite 178), wodurch jedermann von den höfischen Tafeln naschen konnte, und sie erhob das bis heute gültige »Maria Theresia Brennrecht«, das kleinen landwirtschaftlichen Betrieben erlaubt, 300 Liter Alkohol mit geringer Steuerlast zu brennen.

Von einfacher oder gar gesunder Ernährung hielt man im Barock nicht viel – Speis und Trank mussten reichlich bemessen und phantasievoll gestaltet sein. Mahlzeiten wurden zu einer pompösen Inszenierung, immer wieder mahnte Abraham a Sancta Clara (siehe Seite 10) zur Mäßigung – doch es half wenig: Tagtäglich kamen Importeure und brachten Schinken aus Westfalen, Mortadella und Wein aus Italien, feinstes Konfekt aus Venedig, Wachteln aus der Lombardei, Krammetsvögel aus Syrakus und Gewürze aus Indien. Das Erlesenste war gerade gut genug, und wer es sich nicht leisten konnte, der verfeinerte die bodenständige Küche mit duftenden Kräutern.

Maria Theresia selbst bestellte sich gerne mal 30 Speisen bei der Köchin Eva Müllbauer, ihrerzeit legendäre Wirtin im Gasthaus »Zum wilden Mann« in der Kärntnerstraße. Aufgrund eines einzigen Rezeptes avancierte die Köchin zur Lieblingswirtin der Kaiserin und wurde reich beschenkt – der Titel des Rezepts spricht Bände: »Gewickelte Krebsgermnudeln mit Obers gebacken«.

Adresse Maria-Theresia-Denkmal, Maria-Theresien-Platz, 1010 Wien | **ÖPNV** U2, Station Museumsquartier, U3, Station Volkstheater; Straßenbahn D, 1, 2, 71, Station Burgring; Bus 2A, 48A, Station Volkstheater | **Tipp** Mit Sicherheit hätten Maria Theresia die feinen Mehlspeisen der Kurkonditorei Oberlaa in der Babenbergerstraße Nummer 7 gemundet, insbesondere wahrscheinlich die vielfältigen Makronen (www.oberlaa-wien.at).

60_Mayerhofer

Austro-Burger

Sie ist die große Liebe der Wiener: die Extrawurst. Schon in den 20er Jahren des 19. Jahrhunderts war diese Wurstsorte bekannt. Die Extrawurst gab es einst in zwei Varianten: »fein« und »ordinär«, weil sie früher wesentlich gröber war und erst mit den neuen Technologien fein – oder eben »extra« – wurde. Seit 1925 gehört die feine Variante der Extrawurst zum Standardrepertoire der Wiener Fleischermeister.

Die Extrawurst hat keine bäuerlichen Wurzeln, sondern war immer städtisch! Dennoch hat sich ihre Rezeptur im Laufe der Zeit verändert und war Wandlungen unterworfen. In den Anfangsstadien wurde sie aus Rindfleisch und Speck hergestellt, dann aus Rind und Schweinefleisch, und heute ist der Anteil an Rindfleisch zugunsten von Schweinefleisch meist gänzlich verschwunden. Die Brühwurst darf also je nach Vorliebe des Fleischermeisters aus Rind- und/oder Schweinefleisch, Speck, Wasser, Salz und Gewürzen hergestellt werden – auch etwas Stärkemehl ist erlaubt, aber unter Feinschmeckern verpönt. Traditionell wird die Extrawurst in Rinderkranzdärme (daher auch: »Extra-Kranz«) gefüllt, geräuchert und anschließend gebrüht.

Der Name Extrawurst leitet sich vermutlich daher ab, dass die Wurst auch für ärmere Schichten leistbar war und für diese aufgrund der ungewohnten Zartheit oder wegen der besonders feinen Struktur ein echtes Extra bedeutete. Einen Hinweis auf ihre Bedeutung gibt auch der Alt-Wiener Sinnspruch »jemandem eine Extrawurst braten«, wenn man ihn bevorzugt.

Hauptbestimmung der »Extra« ist die Wurstsemmel, jene Lieblingsjause aller Wiener, bei der die fein aufgeschnittene Wurst – gern zusammen mit einigen Scheiben Essiggurkerl – in eine resche, frische Handsemmel eingebettet wird. Wichtig: Am besten schmeckt die Extrawurstsemmel immer in einer ihr vertrauten Umgebung … und das ist eine gute Fleischerei des Vertrauens!

Adresse Fleischerei Otto Mayerhofer, Liechtensteinstraße 27, 1090 Wien | **ÖPNV** Straßen- bahn D, Station Bauernfeldplatz (Porzellangasse) | **Öffnungszeiten** Mo–Do 7–20 Uhr, Fr 7–17 Uhr | **Tipp** Auch die Fleischerei Ringl in der Gumpendorfer Straße ist für ihre gute Extrawurst bekannt, die OHNE Mehl hergestellt wird (www.fleischerei-ringl.at). Neben der Extra gilt auch die »Wiener Wurst« als autochthon und als alternative Wurstsemmel; die Fleischerei Lehner in Hernals ist eine gute Adresse dafür (www.fleischerei-lehner.at).

61___Der Mehler

Gutes von innen

Am Handelskai, da, wo die Straße ins Wiener Niemandsland führt, ist der Mehler ein Treffpunkt für Leute, die echte Wiener Atmosphäre suchen. Es ist ein Gasthaus für g'standene Wiener vom Grund oder zumindest »gelernte Wiener«, wie Kollege Heimito von Doderer es formulieren würde. Das urige Fachwerkhaus vermittelt eine ländlich anmutende Idylle inmitten der Großstadt, und man glaubt fast, ein Relikt aus der guten alten Zeit zu betreten.

Das Publikum ist gemischt, wie es sein soll, und die Wirtsleute haben immer einen lockeren Schmäh auf den Lippen, ähnlich dem legendären Wiener Wirteschmäh früherer Zeiten. Auch die teils deftigen und derben Witze, für die die Wiener Wirte schon immer berühmt waren, hört man hier – Papa Mehler ist eine diesbezügliche Koryphäe. Und nein, das ist nicht ordinär, sondern Lokalkolorit! Gelebtes Brauchtum sozusagen …

Wie das Lokal, so die Küche: urwienerisch! Deshalb wird hier auch etwas gepflegt, was innerstädtisch so gut wie ausgestorben ist, nämlich die Wiener Innereienküche. Ohne diese genussvoll zubereiteten Eingeweide wäre die Wiener Küche sicher nicht das, was sie ist, denn ihre Kreativität erlebt sie in Bruckfleisch, Beuschel, Hirn, Nierndln, Kalbskopf, Zunge, Bries, Kutteln, Därmen, Knochenmark, Milz, Gekröse, Netz, Blut & Co. Zahllose Rezepte kennt die Wiener Küche für derartige Schmauserein, die vornehmlich zum legendenumwobenem Gabelfrühstück (siehe Seite 176) aufgetischt wurden.

Der Tradition ist hiermit noch nicht Genüge getan. Daher setzt der Mehler noch einen obendrauf und ist stolz, auch heute noch so selten gewordene Delikatessen wie die »Gebackenen Stierhoden« auf der Speisekarte zu führen. Und wem dies als Vorspeise nicht genügt, der kann als Hauptgericht noch eine »Gebackene Fledermaus« bestellen – bleibt zu erwähnen, dass es sich hierbei um das Stammlokal des Autors handelt!

Adresse Gasthaus Mehler, Handelskai 338, 1020 Wien | **ÖPNV** U 2, Station Stadion; Straßenbahn 80B und 77A, Station Stadion | **Öffnungszeiten** Mo–Fr 6.45–22 Uhr (Küche bis 21 Uhr) | **Tipp** Es ist leider nicht überliefert, ob Heimito von Doderer ein erklärter Innereienfreund war. Sicher ist aber, dass sein Stammlokal »Blauensteiner« in der Josefstadt für Kalbsherz in Wurzelrahmsoße berühmt ist, das hier – ganz stilecht – im Doderer-Stüberl genossen werden kann (www.gastwirtschaft-blauensteiner.at).

62 — Der Meinl-Mohr

Mittlerweile »kopflos«

Verträumt schaut er in eine Schale Kaffee, der kleine Mohr an der Fassade des vielleicht berühmtesten Spezereien-Handels von Wien: dem Meinl am Graben. Tatsächlich scheint er von besseren Zeiten zu träumen, als die Marke Meinl in Wien noch Synonym für Genuss war und sich an fast jeder bedeutenden Straßenecke eine Filiale befand. Übrig geblieben ist nicht viel: eben nur Wiens schönste Viktualienhandlung und der Meinl-Kaffee.

Der vom Wiener Künstler Joseph Binder geschaffene, sehr sympathische Meinl-Mohr – Testimonial des ehemaligen Logos – war weithin bekannt. Er sollte die Tradition des Kaffees aus Arabien und dem türkischen Sultanat mit der neuen Kaffeehauskultur Zentraleuropas verbinden, weshalb sein Kopf zwar schwarz war, aber keinem Mohren, sondern einem Barock-Engerl glich. Obwohl niemals diskriminierend gedacht, wurde das falsch interpretierte Logo vom Chef der Werbeabteilung Otto Exinger zeitgemäß abgewandelt und schließlich im Zuge der Modernisierung »gesichtslos« gemacht.

Geblieben ist nur der Fez, die rote Kopfbedeckung mit Quaste, die man von türkischen Kaffeehäusern abgeschaut hat, wo die Kellner als Symbol des Sultanats eine derartige Kopfbedeckung trugen. Dabei beachtete offenbar niemand, dass der Fez eigentlich eine griechisch-christliche Kopfbedeckung war, die auf den ägäischen Inseln verbreitet war und ihren Ursprung bei nordafrikanischen Seeräubern hatte.

Wie auch immer, den Meinl-Mohr mit Kopf gibt es nur mehr hier an der Wand und in den Geschichtsbüchern. Wenn man zu seinem »Mohr im Hemd« eine Schale Meinl-Kaffee bestellt, so präsentiert sich die Marke heute auf den Tassen komplett »kopflos«. Es bleibt zu hoffen, dass dem beliebten Kaffee nicht bald die gesamte Identität verloren geht – es wäre schade um das alteingesessene Erbe dieser Wiener Traditionsfirma. Nur gut, dass es den Meinl am Graben gibt …

Adresse Julius Meinl am Graben, Graben 19, 1010 Wien | **ÖPNV** U 1, U 3, Station Stephansplatz; Autobuslinie 1A, Haltestelle Bognergasse | **Öffnungszeiten** Mo–Fr 8–19.30 Uhr, Sa 9–18 Uhr | **Tipp** Wiener Kaffeekultur lebt auch in vielen kleinen Spezial-Röstereien, wobei sich Naber-Kaffee und die Alt-Wiener Kaffeerösterei (www.altwien.at) einen besonders guten Namen gemacht haben.

63__Meissl & Schadn

Rindfleisch »paradiesisch«

Wer heute vom Rindfleischwagen in den »Drei Husaren« kostet, merkt nicht mehr viel von der Tragik hinter Wiens berühmtestem Rindfleischrezept: dem Tafelspitz. Graf Pálffy verkaufte 1938 seine »Drei Husaren« rechtzeitig vor Kriegsausbruch an den Berliner Stargastronomen Otto Horcher, der sie zum Völlereilokal ungustiger nationalsozialistischer Bonzen machte – als Horcher erkannte, dass der »Endsieg« ewiges Wunschdenken bleiben würde, setzte er sich 1943 nach Madrid ab. Die »Drei Husaren« haben diese Wirren halbwegs unbeschadet überstanden. Weniger gut erging es da dem ehemaligen »Rindfleischparadies« auf Erden, dem legendären Meissl & Schadn auf dem Neuen Markt: Zuerst wurde das im 17. Jahrhundert gegründete Traditionshaus arisiert und anschließend im Krieg zerstört – einzig das von Eduard Veith in den 1890er Jahren gestaltete Mosaik blieb erhalten und ziert noch heute die Fassade des Neubaus auf der Kärntner Straße (ehemalige Rückseite des Meissl & Schadn).

Rindfleischparadies wurde das Restaurant deshalb genannt, weil man hier aus 24 Sorten gesottenem Rindfleisch wählen konnte: Tafelspitz, Tafelstück, Schulterscherzel, Brustkern, Kruspelspitz, Kavalierspitz, Beinfleisch, Magers oder Fettes Meisl, Fledermaus und Zunge zum Beispiel. Ein jeder fand hier sein persönliches »Gustostückerl« und konnte dazu aus zehn verschiedenen Beilagen wählen.

Es muss ein schönes Gefühl gewesen sein, im Meissl & Schadn zu speisen, und sogar der Berufsnörgler Karl Kraus schrieb: »Zu Meißl & Schadn, wo würdig alternde Kellner vor dem Krieg das saftigste (in Rindsbrühe gekochte) Ochsenbeinfleisch … auftrugen« – so steht es in der »Fackel«, einem von Karl Kraus herausgegebenen Satire-Magazin. Schade eigentlich, dass dieser fleischliche Genuss, die Inkarnation des gesottenen Rindfleisches schlechthin, nicht mehr auf Erden weilt, sondern wirklich ein paradiesischer ist.

Adresse Mosaik, Kärntner Straße 16, 1010 Wien | **ÖPNV** U 1, U 3, Station Stephansplatz | **Tipp** Das Restaurant »König von Ungarn« mit einem Rindfleischwagen befindet sich in gleichnamigem Hotel (www.restaurantkvu.at). Auch Ewald Plachutta hat sich mit seinem »Hietzinger Bräu« um die Erhaltung der Wiener Rindfleischküche verdient gemacht (www.plachutta.at).

64__Das Michaeler Bierwirtshaus

Wenn nicht das bisserl Essen wär …

»Ich hab sonst nix, drum hab ich gern / ein gutes Papperl, liebe Herrn« – so beginnt Josef Weinhebers beliebtes Gedicht über den Donau-Phäaken aus Wien wörtlich (1935). Wien, die Stadt der homerischen Phäaken: Prinzessin Nausikaa rettet den schiffbrüchigen Odysseus und bringt ihn an den väterlichen Hof, wo er mit Gastmählern verwöhnt wird. Die Sage wurde zur Allegorie vom »in eine schöne, heile Welt gerettet werden, wo das Leben sorglos und genussvoll ist«, und Wien, das für viele »Schiffbrüchige« zum gelobten Land wurde, gefiel sich in dieser Rolle.

Durch Weinhebers Phäaken wurde nicht nur das Wiener Gabelfrühstück mit den Zeilen »Zum Gabelfrühstück gönn ich mir / ein Tellerfleisch, ein Krügel Bier / schieb ab und an ein Gollasch ein, / (kann freilich auch ein Bruckfleisch sein), / ein saftiges Beinfleisch, nicht zu fett / sonst hat man zu Mittag sein Gfrett …« zur Legende, sondern auch das Michaeler Bierwirtshaus, das dem Vernehmen nach ständig gesteckt voll gewesen ist.

Das Lokal war bekannt für seinen institutionellen Mittagstisch, den sich Weinhebers Genussmensch nach Gabelfrühstück und Verdauungsspaziergang selbstredend nicht entgehen lassen konnte: »… geh übern Graben, den Kohlmarkt aus / ins Michaeler Bierwirtshaus. / Ein Hühnersupperl, tadellos / ein Beefsteak in Madeirasoß, / ein Schweinskotelett, ein Rehragout, / Omeletts mit Champignons dazu, / hernach ein bisserl Kipferlkoch / und allenfalls ein Torterl noch, / zwei Seideln Göß – zum Trinken mag / ich nicht viel nehmen zu Mittag – / ein Flascherl Gumpolds, nicht zu kalt, / und drei, vier Glaserln Wermuth halt. / …«

Für Josef Weinheber selbst war das Leben kein Genuss – die Opferrolle des Dichters unter dem Nationalsozialismus bestimmte sein Schaffen. Körperlich und seelisch durch den Alkoholismus zerrüttet – er brauche diese Zerrüttung, sagte er einmal – beging er 1945 Selbstmord.

Adresse das Michaeler Bierwirtshaus lag schräg gegenüber dem Looshaus (heute eine Bank) in Richtung Hofreitschule, Michaelerplatz, 1010 Wien | **ÖPNV** U 3, Station Herrengasse | **Tipp** Ein anderes legendäres Wirtshaus war das sogenannte »Küßdenpfennig-Haus« in der ehemaligen Adlergasse (heute Franz-Josefs-Kai 21), in dem einer volkstümlichen Legende zufolge der Alchimist Theophrastus Bombastus von Hohenheim – besser bekannt als Paracelsus (1493–1541) – einen Pfennig in pures Gold verwandelt haben soll, als er kein Geld hatte, die Zeche zu bezahlen.

Hier war früher das bekannte Alt Wiener **Michaeler Bierhaus** gegründet 1711

65__ Der Möslinger

Nicht schlüpfrig, aber handfest

Dieses beliebte Wiener Gasthaus hat – obwohl es sowohl vom Namen wie von der geografischen Nähe zum anrüchigen Prater her auf der Hand läge – nur wenig mit schlüpfrigen Dingen zu tun. Dafür steht das Gasthaus Möslinger für Handfestes, was eindeutig wie zweideutig betrachtet etwas für sich hat, nämlich nur Gutes!

Zum Möslinger geht also, wer Handfestes sucht, und er wird hier sicher fündig werden, denn das Lokal ist darauf ausgerichtet, den bodenständigen Genussmenschen zu befriedigen. Nestroy, Raimund und Kollegen hätten sich in diesem typischen Vorstadtgasthaus genauso wohlgefühlt wie unsereins heute, der das einfach Gute sucht und liebt. Man ist stolz darauf, nicht nur im Frühjahr dem »Phallus impudicus« (siehe Seite 124) in den Donau-Aulandschaften nachzustellen, sondern den Wienern auch höchst belebende Genüsse wie den Mohn näherzubringen; Eiernockerln mit Mohn, Karpfen in Mohnkruste, Mohnnudeln und Apfeltorte mit Mohn sind da nur einige höchst anregende Beispiele aus dem umfangreichen Sortiment der streng geführten Küchenkammer.

Aber noch etwas anderes gibt es beim Möslinger zu entdecken: alte Wiener Speisekarten, die von der Familie Taudes gesammelt und in Ehren gehalten werden. Beim Studieren dieser Karten fällt auf, dass die Wiener Küche keine typischen Vorspeisen hatte – die in Frankreich so beliebten Hors d'oeuvres vermochten sich in Wien anscheinend nicht durchzusetzen. Offenbar brauchten die Leute hier kein Vorspiel und kamen lieber gleich zur Hauptsache … oder zum Handfesten. So ist bei den traditionellen Hors d'oeuvres ausschließlich von »Versautem« die Rede: Haussulz mit Zwiebel in Essig und Öl, Knackwurst mit Senf und zu guter Letzt: Grammeln – Punktum! Alle waren damit zufrieden, denn mit »Stoßsuppe«, »Bodensackl« und »Duttelkalb« konnte man damals wie heute wunderbar schlampampen … und ein »B'soffenes Liesl« ab und an, gönnte sich zum Abschluss man(n).

Adresse Gasthaus Möslinger, Stuwerstraße 14, 1020 Wien | **ÖPNV** U 2, Station Messe-Prater; U 1, Station Praterstern | **Öffnungszeiten** Di–Sa 10–23 Uhr, So, Feiertag 10–15 Uhr | **Tipp** Auch das weiter vorn am Praterstern gelegene Gasthaus Hansy darf zu den Wiener Traditionsgasthäusern gezählt werden (www.hansy-braeu.at).

66_ Das MUSA
Ehemalige WÖK-Kantine

Kaum jemand, der vor den Toren des MUSA-Zentrums für moderne Kunst steht, wird dies spontan mit einer Wohltätigkeitseinrichtung in Verbindung bringen – und doch verhält es sich so, dass sich hier einst eine WÖK-Kantine (Wiener öffentliche Küche) befand, die mit Hilfe der 1919 von den USA gegründeten Vienna feeding Company von der Stadtverwaltung des »Roten Wien« entwickelt wurde. 1921 gab es 23 derartige Speisehäuser, die das Versorgungsproblem des »Wasserkopfs Wien« in der Nachkriegszeit mildern sollten.

Während des Ersten Weltkriegs hatten die k. u. k. Truppen ihre deutschen Waffenbrüder noch als »Marmeladinger« verspottet, weil diese trocken Brot mit Konfitüre (ohne Butter) essen mussten. Doch nach 1915 verschlimmerte sich die Versorgungslage besonders in den ärmeren Vororten Wiens dramatisch. Der Zusammenbruch der Monarchie und die angespannte Situation während der Kriegsjahre eskalierten im Hungerwinter 1918. Ein Naschmarktbericht vom Dezember 1918 berichtet von geschlossenen Fleischständen, verfaulten Rüben, Zwiebeln, Knoblauch und gefrorenem Kraut. Wenn möglich, hielt man sich Kaninchen oder schoss ein Eichhörnchen ... Auch Hunde und Katzen sollen nur selten von Spaziergängen zurückgekehrt sein. Noch 1928 hatte Olga Hess in ihrer »Wiener Küche« beim Rezept für Eichhörnchen-Suppe vermerkt, dass auch Krähen eine kräftige Suppe ergeben würden.

Die schlimme Zeit bedeutete aber keineswegs das Ende der Wiener Küche, denn anders als die Deutschen, die mit einer Abkehr vom Luxus hin zu Fertigprodukten und einer Vernachlässigung der Kochkultur reagierten, hielten die Wiener sowohl literarisch mit Fressphantasien alla Weinhebers Phäaken (siehe Seite 136), als auch kulinarisch an der bewährten k. u. k. Küche fest. Die Habsburgerwelt ist – zumindest offiziell – untergegangen, doch Kakaniens Vielvölkerstaat lebt immerwährend in den Kochtöpfen Wiens weiter.

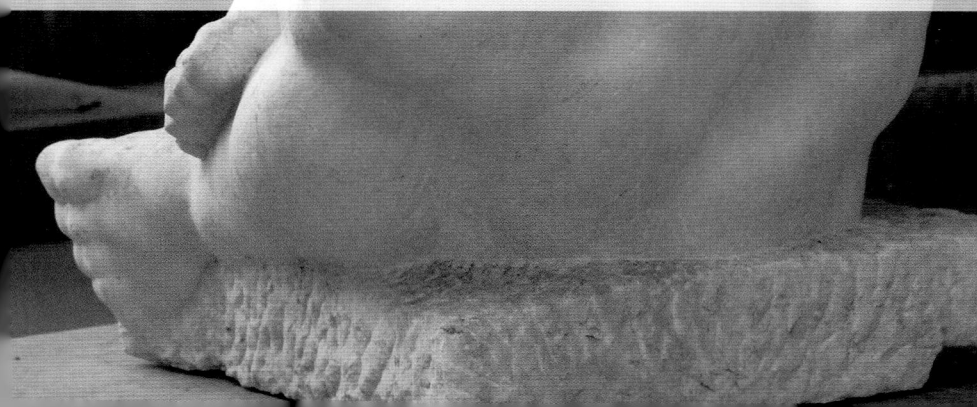

Adresse Museum Startgalerie Artothek, Felderstraße 6−8, 1010 Wien www.musa.at |
ÖPNV U2, Station Rathaus; Straßenbahn D, 1, 71, Station Rathausplatz | Öffnungszeiten
Di, Mi, Fr 11−18 Uhr, Do 11−20 Uhr, Sa 11−16 Uhr | Tipp Die WÖK hat als eine der
ersten Einrichtungen in Wien am 27.1.1958 einen Elektroherd angeschafft und damit eine
»Revolution für das Gastgewerbe« eingeleitet. Der Herd wurde in der Filiale Wien 6.,
Mariahilfer Straße 85 aufgestellt und »erprobt«. Heute befindet sich hier das Gesundheits-
zentrum Mariahilf.

67__Das Nestroy-Denkmal

Des Essens Possen

Er war kein leicht zu Verstehender, der Johann Nepomuk Nestroy (1801–1862), und – von Ferdinand Raimund einmal abgesehen – sicher die größte, subtilste, exzentrischste, originellste, humorvollste und wichtigste Figur der Alt-Wiener Volkskomödie. Unvergessen sind Bühnenwerke wie »Der böse Geist Lumpazivagabundus«, »Zu ebener Erde und erster Stock«, »Der Talisman« oder »Einen Jux will er sich machen«, die beim Publikum gleichermaßen für Lachkrämpfe sorgen wie zum Nachdenken anregen, weil sie die eindringlichsten, subtilsten und sozialkritischsten Werke ihrer Zeit darstellen. Nestroy war der populärste Wiener Volksstückautor des Vormärz und hat von dieser Popularität nichts eingebüßt, denn bis heute zählen seine Stücke zum Standardrepertoire einer jeden guten Schauspielbühne.

Um der gestrengen Zensur des Vormärz zu entgehen, wählte er eine unglaublich raffinierte und subtile Sprache, die oft falsch oder missverstanden wurde. So galt er bei den Konservativen als bedenklicher Umstürzler und bei den Liberalen als finsterer Reaktionär, was für viele Theaterskandale von Wien bis Frankfurt sorgte.

Aber letztlich übte niemand Sozialkritik besser als er, und kein Zweiter beschrieb das kulinarische Wien seiner Zeit sprachlich so bildlich. Unzählige seiner sarkastischen Sager und ironischen Pointen wurden zu geflügelten Worten, und einen der schönsten Aphorismen über die Wiener Esskultur aller Zeiten lässt Nestroy den »Leicht« in der parodierenden Posse »Weder Lorbeerbaum noch Bettelstab« aufsagen: »Wenn das Volk nur fressen kann! Wie s' den Speisenduft wittern, da erwacht die Esslust, und wie die erwacht, legen sich alle andern Leidenschaften schlafen; sie haben keinen Zorn, keine Rührung, keine Wut, keinen Gram, keine Lieb', keinen Haß, nicht einmal eine Seel' haben s'. Nichts haben s', als einen Appetit.« Bleibt die Frage, ob sich Nestroy damit einen Jux machen wollte.

Adresse Praterstraße 17, 1020 Wien | **ÖPNV** U 1, Station Nestroyplatz | **Tipp** Von 1854 bis 1860 war Nestroy Direktor des Carltheaters (Praterstraße 31). Das Nestroy-Denkmal befand sich um 1889 schräg vis-à-vis vom Theater, das aufgrund von irreparablen Kriegs-schäden 1951 abgerissen wurde – an seiner Stelle steht heute der Galaxy-Tower. Neben dem Carltheater befand sich übrigens das legendäre Vorstadtgasthaus »Tiger«, das Stamm-lokal Nestroys.

68__Das Neumeier

Wia die Zeit vergeht …

Dass die Grenzen zwischen Brandineser (Branntweinstube ohne Essen) und Beisel mitunter fließende sind, beweist das Gasthaus Neumeier. Im Beisel kann man essen … wenn man Glück hat. Wen der Wirt nicht will, den lässt er darben – Protest zwecklos, Wirte haben immer recht!

Im Neumeier lebt das alte Neulerchenfeld, einst im 19. Jahrhundert als das »größte Wirtshaus des Heiligen Römischen Reiches« bezeichnet. In 103 der 150 Häuser gab es eine Gaststätte oder zumindest so etwas Ähnliches, viele waren Etablissements. Aber diese Grenzen waren im alten Wien fließend.

Neulerchenfeld war die Heimat von dubiosen und zwielichtigen Personen, Zuhältern, aufg'maschlten Mizzis und g'schupften Ferdln in fescher 1er Panier, die am Eingang der Tanzlokalitäten mehr oder weniger höflich gebeten wurden, ihre Messer an der Garderobe abzugeben. Neulerchenfeld ist die Heimat von Kartenspielern, die Haus und Hof verzocken – Zechprellerei gibt es trotzdem nicht, die siegreichen Mitspieler haften. Ordnung muss sein, zumindest in der Kassa des Wirts. Heimito von Doderer beschreibt in seiner Erzählung »Ein anderer Kratki-Baschik« bildhaft, wie es bei Schnapsen, Stoß & Co früher zuging – hart, aber unfair. Es wurde betrogen, was das Gewissen zuließ (und das war nicht wenig …).

Wenn nach dem Spiel noch Geld übrig war, nahmen sich die schweren Burschen zum Trost ein leichtes Mädchen oder genehmigten sich einen Seelentröster am »Hausfreund«, der neben dem Stammtisch steht – Stammkunden haben Privilegien und sollen nicht frieren. Hier trinkt man seinen Johann, liest Zeitung, schimpft über Gott und die Welt und hält besser die Klappe, wenn der Wirt spricht (siehe oben). Gelernte Trinker gehen mit der Zeit, schauen nach jedem Schluck auf die Uhr und murmeln vorm nächsten Zug: »Wia schnell die Zeit vergeht!« Draußen bestimmt, drinnen nicht … aber in Neulerchenfeld sind diese Übergänge … richtig: fließend!

Adresse Gasthaus Neumeier, Gaullachergasse 6, 1160 Wien | **ÖPNV** U 6, Station Josefstätter Straße; Straßenbahn 2, Station Neulerchenfelderstraße/Brunnengasse | **Öffnungszeiten** Mo–Sa 9–22 Uhr | **Tipp** Ein anderes Relikt aus der Ära der guten alten Neulerchenfelder Gasthäuser ist das gemütlich-rustikale Weinhaus Sittl (Zum goldenen Pelikan, Tel. 01/4050205) – und ja, hier gibt es was zu essen … wie gesagt: wenn man Glück hat! Aber bedenke: Das Glück is a Vogerl …

69 Das Papagenotor
Indianer im Theater

Emanuel Schikaneder, der Textdichter der berühmten »Zauberflöte«, war durch den ungeheuren Erfolg von Wolfgang Amadeus Mozarts Oper, die 1791 im ehemaligen Freihaustheater (befand sich in der heutigen Operngasse) uraufgeführt und mehr als 220-mal gespielt wurde, begütert genug, um sich 1798 den Traum von einem eigenen Theater erfüllen zu können. Zum Gedenken an die »Zauberflöte«, welche ihm zu den notwendigen Mitteln verholfen hatte, nannte er den Eingang in der Millöckergasse »Papagenotor« und stellte sich selbst als Papageno dar, mit seinen drei Kindern als die »Drei Knaben«. Es ist der einzige Teil des heutigen Theaters an der Wien, der im Original erhalten ist.

Doch das Schicksal meinte es mit Schikaneder nicht besonders gut, und der für Wien nicht untypische Neid unter Kollegen tat das Übrige dazu, dass er nach nur zwei Jahren verkaufen musste.

Nach wechselnden Besitzern gelangte das Haus am 1. Oktober 1813 in den Besitz von Ferdinand Graf Pálffy von Erdöd, der seit Januar 1810 bereits Direktor des Hauses gewesen war. Doch Pálffy hatte bei der Auswahl der Stücke keine glückliche Hand, sein »klassisches« Programm fand in der Wiener Vorstadt keine große Resonanz. Um den Spielplan zu beleben, engagierte er einen indischen Magier namens Kutom Bulchia, dem damals ganz Europa zujubelte. Als die Wiener dennoch nur spärlich kamen, ließ Pálffy seinen ungarischen Zuckerbäcker ein handliches, neuartiges Kleingebäck kreieren, das als eine Art Merchandising vor und im Theater verteilt werden sollte.

Die zwei mit Schokolade und Marillenmarmelade überzogenen und mit Schlagobers gefüllten Krapfen wurden als »Mohrenkopf« präsentiert und brachten den erhofften Erfolg: Tag für Tag füllte sich das Theater, und der »Mohrenkopf« wurde alsbald – zu Ehren des indischen Zauberers – zum »Indianerkrapfen«, dem heutigen »Indianer mit Schlag«.

Adresse Theater an der Wien, Linke Wienzeile 6, Ecke Millöckergasse, 1060 Wien, www.theater-wien.at | **ÖPNV** U 1, U 2, U 4, Station Karlsplatz, Ausgang Secession; Buslinie 59A, Station Bärenmühldurchgang; Buslinie 57A, Station Laimgrubengasse | **Tipp** Schlagobers ist in der Wiener Mehlspeisküche so beliebt, dass ihm von Richard Strauß ein eigenes Ballett-Musikstück »Schlagobers« gewidmet wurde, das mit der berühmten Tänzerin und Schauspielerin Tilly Losch als Prinzessin Teeblüte am 9. Mai 1924 im Wiener Operntheater – der heutigen Staatsoper – uraufgeführt wurde.

70_ Der Paulaner Pfarrhof
»A Hasse« aus Fisch

Wenn man vor dem heutigen Paulaner Pfarrhof inmitten des groß-städtischen Verkehrsgewirrs steht, fällt es schwer, zu glauben, dass hier einst die größten Fischteiche weit und breit befindlich waren. Tatsächlich verhielt es sich aber so, denn die Paulaner Mönche waren hier bis 1784 ansässig und hielten eine Teichwirtschaft, da es ihnen per Gelübde untersagt war, Fleisch zu essen.

Der Orden geht auf seinen Gründer Franz von Paola zurück, der zunächst in einem Franziskanerorden aufwuchs, diesem aber nicht beitrat. Er ließ sich als Einsiedler nieder und gründete die Gemeinschaft der »Mindersten Brüder« als Superlativ der Eigenbezeichnung der Franziskaner, die sich als Minderbrüder bezeichnen. Deswegen wurden die ohnedies strengen Franziskanerregeln noch verschärft, und die Anhänger lebten in strengster Askese. Seinem Vordenker zu Ehren wurde der Orden »Paulaner« genannt. Kaiser Ferdinand II. berief 1626 im Zuge der Gegenreformation den Paulanerorden nach Wien.

Da die Paulaner auch außerhalb der Fastenzeit kein Fleisch essen durften, ernährten sie sich von Fisch. Selbstredend, dass man bestrebt war, aus diesem Rohstoff das Bestmögliche zuzubereiten – und »bestmöglich« ist in Wien fast immer gleichbedeutend mit »ausbacken«. Daher erfanden die Paulaner jene »Wurst« aus Zander, Hecht und Karpfenfleisch, die bis heute zu den traditionellsten Gerichten der Wiener Küche gehört: eben die Paulanerwürste, eine panierte und in Öl ausgebackene Fischfarce in Wurstform.

Die Speisenimitation erfreute sich alsbald auch außerhalb der Klostermauern zunehmender Beliebtheit, bot sie doch die Möglichkeit, auch während der Fastenzeit zumindest optisch nicht auf die gewohnten Würste und Braten verzichten zu müssen; und so bereicherten aus Fischfleisch modellierte »Rebhühner«, »Feldhühner«, »Reh-« oder »Hirschbraten« schon bald das karge Fasten. Doch wirklich in aller Munde ist nur die Hasse aus Fisch.

Adresse Paulanergasse 6, 1040 Wien | **ÖPNV** Straßenbahn 1, 62, Station Paulanergasse | **Tipp** Eine Tafel, die an den großen Volksschauspieler und Genussmenschen Fritz Imhoff (siehe Seite 204) erinnert, befindet sich ganz in der Nähe im Eingangsbereich des Hauses Wiedner Hauptstraße Nummer 17.

71_ Der Piccini
Salamucci und Mandoletti

»Durri, durri!« (Harte, Harte!) klang es einst verheißungsvoll durch den Prater, doch der Ruf der »Salamucci« (sprich: Salamutschi), wie die italienischen Salamiverkäufer seit dem barocken Wien genannt werden, sind verklungen. Es muss ein wahres Fest gewesen sein, als sie mit Körben voll Würsten, von der Salami bis zur Kabanossi, durch den Prater zogen und diese vorm Gast kunstvoll in dünne Scheibchen hobelten. Wenn die Show gut war, wechselte vielleicht noch ein Stück Käse den Besitzer. An Gelegenheiten, ihre lukullischen Kostbarkeiten an hungrige Gäste zu verkaufen, mangelte es den Salamucci nicht.

Alsbald entwickelte sich ein weiteres Geschäftsfeld im Prater, nämlich der Verkauf von Mandelgebäck: Als die Wiener Zuckerbäcker die »süße Gefahr« aus dem Süden Italiens erkannten, die in Form der sogenannten »Mandoletti(-männer)« auftauchte und sich mit Rufen wie »Letti-Mandoletti! Bombiletti! Commandi, signore?« lautstark bemerkbar machte, erwirkten sie – gut organisiert, wie sie waren – bei Kaiser Franz Joseph II. ein Verkaufsverbot für die Mandolettimänner in der Innenstadt, um ihre Einnahmen nicht zu gefährden. Daher zogen die Mandoletti samt ihren süßen Schleckereien ebenfalls in den Prater und wetteiferten dort mit den Salamucci um die Gunst der Gäste und wohl auch um die so mancher Damenherzen – chic waren sie sicher, die Mandoletti mit ihren breitkrempigen Kalabreserhüten und samtenen, auffällig gebundenen Künstlermascherln.

Heute sind die Stimmen der Salamucci und Mandoletti im Prater verstummt.

Der Piccini ist aber ein Relikt dieser Zeit: Der Triestiner Riccardo Piccini – ein ehemaliger Salamucci – verkaufte seine Delikatessen bald nicht mehr aus dem Korb, sondern eröffnete 1856 diese Greißlerei, die bis heute Salami, Mandelgebäck & Co aus Italien bezieht, damit es auch morgen noch heißt: »Durri, Durri!«

Adresse Riccardo Piccini, Linke Wienzeile 4, 1060 Wien | **ÖPNV** U 1, U 2, U 4, Station Karlsplatz | **Öffnungszeiten** Restaurant: Mo − Sa 11 − 22 Uhr, Geschäft: Mo − Fr 9 − 19 Uhr, Sa 9 − 17 Uhr, Bar: Mo − Fr 7.30 − 22 Uhr, Sa 10 − 22 Uhr | **Tipp** Ein weiterer − wenn auch nicht traditionsreicher − Salamucci-Nachfolger befindet sich mit dem auf Delikatessen aus dem geografischen Dreieck »Friaul-Julisch Venetien, Slowenien und Istrien« spezialisierten Geschäft »La Salvia« am Yppenmarkt (www.lasalvia.at).

72__Das Piroschka
Französisch-ungarische Vermählung

Wer kennt ihn nicht, den Film »Ich denke oft an Piroschka«, in dem der unaussprechliche Ortsname Hódmezővásárhely die Hauptrolle zu spielen scheint. Der Film hat die Puszta so bekannt werden lassen wie Gulyás und Paprikás csirke (Paprikahuhn) die ungarische Küche. Aber auch die Wiener beanspruchen das Paprikahuhn für ihre Küche. Recht haben sie nicht, denn das heutige Paprikahuhn ist eine französisch-ungarische Co-Produktion:

Grundlage für das Rezept ist das Pörkölt csirke (Hühnerpörkölt). Als der berühmte französische Meisterkoch Auguste Escoffier (1846–1935) seinerzeit von seinem ungarischen Kollegen Károly Gundel eine Dose Gewürzpaprika geschenkt bekam, wusste er mit dem neuen Gewürz nichts Rechtes anzufangen. Eines Tages setzte Escoffier im Grandhotel von Monte Carlo das Poulet au Paprika auf die Speisekarte, das im Grunde eine Verfeinerung des ihm aus Ungarn bekannten Pörkölts war. Doch das einfache Pörkölt war ihm für die feinen Bürger zu »rustikal«, weshalb er kurzerhand reichlich Rahm hinzufügte, wodurch der intensive Geschmack des (bis dato ungewohnten) Gewürzpaprikas abgemildert wurde. Die Soße hatte nicht nur eine schöne Konsistenz (Paprikapulver bindet leicht), sondern auch eine elegante Farbe; Escoffier vermerkt: »Es ist zu beachten, dass die Soße eine zartrosa Farbe haben muss, die sie nur durch den Paprika erhalten soll.« Das Gericht war ein durchschlagender Erfolg und avancierte zum Nobelgericht eines begeisterten Publikums – in Frankreich wie in Ungarn!

So verhalf das wunderbare Rezept dem ungarischen Gewürzpaprika endlich zu internationalem Ansehen. Und das Paprikahuhn darf sich als ein ungarisches fühlen, denn auch bei Escoffier steht geschrieben: Poulet sauté à la Hongroise.

Und die Wiener? Nun, die nehmen statt eines stolzen ungarischen Gockels ein zartes Huhn und nennen das Ganze liebevoll »Wiener Paprikahendel«.

Adresse Restaurant Piroschka, Gersthofer Straße 140, 1180 Wien | **ÖPNV** Straßenbahn 41, Station Erndtgasse | **Öffnungszeiten** Mi−Sa 11−22 Uhr, So 11−16 Uhr | **Tipp** Österreichs bekanntestes Paprikapulver wird von der Firma KOTANYI vertrieben, die heute in Niederösterreich beheimatet ist, früher aber in Wien, zuerst in der Döblinger Straße, danach in der Billrothstraße Nummer 4, wo man auch zum k. u. k. Hoflieferanten avancierte – offenbar waren Gulasch und Paprikahuhn auch am Hofe beliebt.

73__Das Pulkautaler Weinhaus

Gulasch mit Fluchtachterl

Allgemein heißt es ja, dass »ein Gulasch und ein Seidl Bier« die perfekte Liaison ist. Dass es auch anders geht, beweist das Pulkautaler Weinhaus, denn hier dominiert seit eh und je der Wein. Fragte man den Wiener nach seiner Weinvorliebe, so kam meist: »Also, i trink gern am Brünnerstraßler. So an richtig reschen guten Wein.« Dieser Wunsch nach einfachen, säurebetonten, leichten und trinkanimierenden »JLF«-Weinen (JLF = je leerer die Flasche, desto besser der Wein) bestimmte die österreichische Weinkultur über Generationen. Mittlerweile sieht man das anders, die vornehme Bouteille hat den traditionellen Doppler (die zwei Liter Wein fassende »Volksmagnum«) abgelöst, und auch das zum Neutralisieren der Säure bei übermäßigem Weingenuss notwendige Basensalz ist weitgehend von den Stammtischen verschwunden.

Aber gerade der resche Wein war der ideale Speisenbegleiter für das barbarisch zwiebelduftende »Wiener Saftgulasch«, für Bochanes und Innereiengerichte wie das Beuschel, das im Zuge allgemeiner Veredelung ungefragt zum »Riesling-Beuschl« werden musste. Auch wenn es am Naschmarkt mittlerweile in sein mag, einen der zweifellos hervorragenden österreichischen Weißweine im Kristallglas zu schwenken und als edles »Stehachterl« zu besprechen, so trauert man in der Vorstadt den guten alten Trinkweinen nach und beweint die mittlerweile leeren Fässer im Keller, die einst mindestens einmal jährlich befüllt und ausgetrunken wurden.

Allerdings gibt es Hoffnung, denn geblieben sind die »Reiseachterln«, welche man als letztes Glas vor dem Nachhausegehen zu sich nimmt und denen oft noch ein »Fluchtachterl«, das angeblich letzte vor dem »Drüberstraher«, folgen kann.

Nur in Wien werden die letzten Dinge beim vorletzten Achterl besprochen, denn wie sagte noch Nestroy: »Wenn ich mir meinen Verdruß nit versaufet, ich müsst mich glatt aus Verzweiflung dem Trunk hingeben.«

Adresse Pulkautaler Weinhaus, Simmeringer Hauptstraße 42, 1110 Wien | **ÖPNV** U 3, Station Zippererstraße; Straßenbahn 71, Station Zippererstraße | **Öffnungszeiten** Mo–So 10–23 Uhr | **Tipp** Weinhäuser und vor allem Stehweinhallen gehörten zum allgemeinen Stadtbild, sind aber weitgehend verschwunden oder wurden in Gasthäuser umgewandelt. Es gibt noch ein »Pulkautaler Wein und Bierhaus« (www.pulkautaler-weinhaus.at) beim Westbahnhof, und auch der Brandstetter in Hernals hat sich einen Rest vom einstigen Charme bewahrt.

74_Radetzkys Denkmal
Lang anhaltende Legende

Es dürfte bekannt sein, dass alles, was in Wien nicht bei drei auf den Bäumen ist, kurzerhand paniert und ausgebacken wird. Und dennoch wird nach wie vor an der unglaublichen Mär festgehalten, dass ausgerechnet der unsensible Feldmarschall Radetzky das kulinarische Heiligtum Wiens, das Wiener Schnitzel, aus Mailand mitgebracht haben soll? Tatsächlich hat ein allzu patriotischer italienischer Reiseführer 1969 diese Geschichte verbreitet, die durch die deutsche Übersetzung »Italien tafelt« 1971 dann auch in Wien erstaunlich kritiklos übernommen wurde.

Es mutet schon seltsam an, dass die Wiener weiter an der Radetzky-Geschichte festhielten, obwohl diese bereits mehrfach widerlegt worden war. Bewegung kam erst in die Sache, als ein Herr Professor Pohl aus Klagenfurt bestätigte, dass Radetzky keinesfalls etwas mit der Geschichte des Wiener Schnitzels zu tun hat – außer dass er es vielleicht selber gern gegessen hat.

Tatsächlich gibt es nirgendwo sonst so viel Gebackenes wie in der Wiener Küche. Nicht nur in Form von Berühmtheiten wie Sur- und Wiener Schnitzeln, Backhenderln, Backfleisch und Cordon bleu, sondern weit mehr: Es wird von Kopf bis Fuß alles Fleischliche und Fleischähnliche samt Innereien über Geflügel und Fische bis hin zu Gemüse, Pilzen, Palatschinkenrollen und Strudeln gebacken, was sich irgendwie panieren lässt. Nein, die Wiener, die mussten sich, was die Panier betrifft, nichts abschauen – übrigens heißt es küchentechnisch wirklich »Panier« und nicht, wie so oft fälschlich formuliert wird, »Panade« (Füllmasse).

Aber letztlich ist es vollkommen gleichgültig, wer das Panieren erfunden hat, denn es ist eine Rezeptur Kakaniens, denn auch die Böhmen, Ungarn, Kroaten, Serben und Juden nutzen diese Technik gerne. Und weil *das* Panier ein Feldzeichen ist, ist *die* Panier ganz salomonisch das Feldzeichen Kakaniens, dessen Hauptstadt Wien und dessen Feldherr halt Radetzky war.

Adresse Stubenring 1, 1010 Wien | **ÖPNV** Straßenbahn 2, Station Stubenring | **Tipp** Unweit der Radetzky-Statue befindet sich am Stubenring Nummer 5 das MAK. Hier ist die von Margarete Schütte-Lihotzky, der ersten Architekturstudentin Österreichs, entworfene »Frankfurter Küche« zu besichtigen, die weltweit erste Einbauküche (www.mak.at).

75_Die Redoutensäle

Der Kongress tanzt

Was die Versorgungslage anbelangte, konnte Wien – von Zwischen-
fällen wie Kriegen oder Pest einmal abgesehen – zumeist aus dem
Vollen schöpfen. So schrieb der spanische Edelmann Christobal de
Castillon 1522: »Da ist ein solcher Überfluss und eine solche Zufuhr,
dass es fast an Raum dafür mangelt und manchmal in Verlegenheit
setzt.« Die einzig dokumentierte echte naturbedingte Hungersnot
gab es 1405, als das Marchfeld aufgrund einer Hochwasserkatastro-
phe überschwemmt wurde. Sogar als halb Europa im Dreißigjährigen
Krieg darbte, herrschte in Wien kaum Not – nur teurer als gewohnt
waren die Lebensmittel.

Die Französische Revolution und der Napoleonische Krieg be-
dingten aber tatsächlich ungewohnte Versorgungsschwierigkeiten.
Doch das anschließende Großereignis »Wiener Kongress« (1814/15)
erweiterte wiederum den kulinarischen Horizont. In den zahlreichen
Ballsälen, von denen die Redoutensäle in der Hofburg als die schönsten galten, wurde während des Kongresses getanzt und geschlemmt.
Berühmt war die gehaltvolle »Oglio-Bouillon« (Olio-Suppe), welche den Ballbesuchern um Mitternacht als Stärkung gereicht wurde.
Das Kaiserhaus kostete ein einziger Tag 500.000 Gulden – doch es
herrschte Frieden, und Europas Eliten tauschten bei Diners und Sou-
pers Provinzen wie Rezepte.

Das Ancien Régime hatte triumphiert und war aus ungezählten
Suppenschüsseln auferstanden – das musste gebührend gefeiert werden! Die Einladungen Talleyrands, der die Auffassung vertrat, dass
es sich mit satten Diplomaten leichter verhandeln ließe als mit hung-
rigen, galten als stilprägend. Auf die Frage, was er für den Erfolg seiner Mission benötige, soll Napoleons Gesandter geantwortet haben:
»Casserolen.«

Das Resultat des Wiener Kongresses waren Restauration und Biedermeier – die sprichwörtliche »gute alte Zeit«, weil da in Wien endlich wieder allerweil die Backhendel herumg'flogen sind!

Adresse Redoutensäle, Michaelerkuppel, 1010 Wien | **ÖPNV** U 3, Station Herrengasse; Citybus, Station Michaelerplatz | **Öffnungszeiten** nur bei Veranstaltungen | **Tipp** Ein Name ist eng mit dem Kongress verbunden: Fürst Metternich. Sein ehemaliges Palais im 3. Bezirk, Rennweg 27, ist seit 1908 Staatsbesitz Italiens und heute Sitz der italienischen Botschaft. Metternich gab 1832 für einen Empfang die berühmte Sachertorte (siehe Seite 170) in Auftrag.

76_ Der Renner

Legende Tellerfleisch

Der Wiener ist traditionell ein wahrer Suppenkasper – im umgekehrten, positiven Sinne verstanden, denn er liebt heiße Suppen über alles. Kein ordentliches Mittagessen, das nicht mit einer wärmenden, kräftigen Suppe beginnt. In der Vorstellung der meisten Phäaken gibt es genau genommen nur zwei Suppenvarianten: erstens eine gebundene Suppe, die meist aus Gemüse zubereitete »Einmachsuppe«, und zweitens die omnipräsente Rindsuppe mit einer der zahllosen Suppeneinlagen, welche die Wiener Küche berühmt gemacht haben: Backerbsen, Bröselknödel, Leberknödel, Grießnockerln, Reibgerstel, Frittaten, Schöberln, Markknöderln, Lungenstrudel, Milzwurst, Grammelnockerln, Reis-Wannerln, Semmel-Pflanzerln, Milz-Schnitten und, und, und – die Liste ließe sich schier endlos fortsetzen. Dazu gesellen sich dann noch Sonderformen wie die Wiener Erdäpfelsuppe, die Wiener Gulaschsuppe, die Serbische Bohnensuppe und so weiter und so fort.

Eine rar gewordene Spezialität ist der Alt-Wiener Suppentopf, in seinem Ursprungsrezept eine stärkende Brühe aus Rindfleisch, Suppenhuhn, Leber, Milz und Gemüse, die mit Suppennudeln aufgetischt wurde und eine komplette Mahlzeit darstellt. Weiter gab es das sogenannte Tellerfleisch, im Grunde eine Mischung aus einer kleineren Portion gesottenem Rindfleisch, Gemüse und Nudeln, aufgetischt mit reichlich Suppe.

Aus diesen Rezepten hat sich die Tellerfleischsuppe entwickelt, die Spezialität beim Renner, einem urigen Gasthaus in Nussdorf. Es handelt sich hierbei um einen großen Suppentopf, der neben gesottenem Brustspitz, Gemüse und Nudeln auch Markknochen und frische Kräuter enthält und ein gutes, kräftigendes Gabelfrühstück darstellt. Man darf beim Renner nämlich keineswegs »vom Fleisch fallen«, wie das gut sichtbare Motto an der Theke verheißt: »Besser zu viel essen als zu wenig trinken!« Ein Motto, das wohl vielen Wienern aus der Seele spricht.

Adresse Gasthof Zum Renner, Nussdorfer Platz 4, 1190 Wien | **ÖPNV** Straßenbahn D, Station Nussdorf | **Öffnungszeiten** Mo–Sa 10–22 Uhr | **Tipp** Ein Vorfahre von Werner Renner, dem Alt-Wirt des Gasthauses, ist der österreichische Bundespräsident Dr. Karl Renner, der ein Onkel seines Großvaters war. Die von Alfred Hrdlicka gestaltete Büste Renners steht neben dem Parlament.

77_ Der Resselpark

Schleichhandel und »Katzelmacher«

Im April 1945 wurde Wien zur Festung erklärt und in den letzten Kriegstagen vor allem der Prater sowie die darum befindliche Leopoldstadt arg in Mitleidenschaft gezogen, was heißt: Alle Stätten des Vergnügens wurden zerstört. Das zwei Jahre zuvor von Josef Weinheber veröffentlichte Gedicht »Zuerst das eine: Granaten und Minen / Aber dann wie zuvor: Kaffee und Pralinen« wurde angesichts der Lebensmittelknappheit und des Versorgungschaos zur Farce. Es gab schlicht und einfach nichts, und auch die Plünderung der Anker-Brotfabrik, bei der 2.000 Tonnen Mehl weggeschleppt wurden, brachte nur einige Monate Linderung.

Aufgrund der Knappheit an Lebensmitteln und Konsumgütern (vor allem Zigaretten) entwickelte sich im und um den Resselpark ein reger Schleichhandel, an dem vor allem Soldaten der alliierten Besatzungsmächte beteiligt waren. Besonders aktive Händler sollen dem Vernehmen nach die Russen gewesen sein. Gehandelt und getauscht wurde praktisch alles, und bezahlt wurde mit dem, was man zur Verfügung hatte – nicht selten mit dem eigenen Körper. Zigaretten wurden quasi zur Ersatzwährung, denn eine einzige Tschick kostete sieben Schilling, während ein Arbeiter einen Wochenlohn von etwa 30 Schilling bezog.

Not macht erfinderisch, heißt es, und so entstand ein lebhafter Handel mit kuriosem Fleischersatz. Biber, Fischotter und Frösche waren früher schon als Fastenspeise bekannt, nach 1945 wurde der Speiseplan auch um Katzen erweitert – sie wurden geschlachtet, gehäutet und als »Kaninchen« verkauft. Die Polizei konnte den Schleichhandel nicht zum Erliegen bringen, da die Marktgesetze von der Not diktiert wurden – und von Elend, denn die Hauptprotagonisten unter den Händlern waren Kriegsversehrte und Veteranen, und diese genossen auf beiden Seiten einen Sonderstatus – die Exekutivorgane drückten daher einfach beide Augen zu … und kassierten mit.

Adresse Brunnen im Resselpark, Karlsplatz, 1010 Wien | **ÖPNV** U 1, U 2, U 4, Station Karlsplatz; Straßenbahn 1, 62, Station Karlsplatz; Bus 4A, Station Karlsplatz | **Öffnungszeiten** jederzeit begehbar | **Tipp** In der nahe gelegenen Argentinierstraße 30a (4. Bezirk) befindet sich das ORF-Funkhaus, das 1935 bis 1939 als Radiokulturhaus errichtet wurde; von hier aus wurden auch die Sendungen von Franz Ruhm ausgestrahlt, Österreichs erstem Radiokoch, der 1938 das anschlussgerechte Buch »111 Eintopfgerichte« auf den Markt brachte und im Werk »Kochen im Krieg« gute Küche mit Sparsamkeit, Resteverwertung, Ersatzstoffen, selbst gesammelten Kräutern und Pellkartoffeln mit Schale versprach.

78__Das Riesenrad

»Knacki–Fracki« mit Vergnügen

Der junge Kaiser Joseph II. – Sohn Maria Theresias – wollte neue, sparsamere Wege gehen. So zog er einen Schlussstrich unter den höfischen Speiseüberfluss und strich sogar den armen Hof-Papageien ihre tägliche Tokayer-Ration. Er aß am liebsten Selchfleisch mit Kraut, das so zum »Kaiserfleisch« wurde.

Seine Untertanen dachten da anders und machten Ende des 18. Jahrhunderts Wien zu Europas führender lukullischer Metropole. Ausgerechnet der sparsame Kaiser löste die ungewollte Welle der Prasserei aus, indem er 1766 den Prater für die Allgemeinheit freigab und damit den Grundstein für den größten Vergnügungspark Europas legte. Mit der Erlaubnis der Gastronomie am 19. April 1766 war der Wurstelprater mit all seinen kulinarisch-erotischen Attraktionen – zum Leben erweckt, und bereits im selben Jahr wehte einem aus mehr als 50 Hütten der Duft von Wein, Bier, Bratelbratern, Fleischselchereien, Lángos, Knoblauch, Lebkuchen, Krapfen, Zuckerwerk und Parfüm um die Nase – ein bis heute unergründliches olfaktorisches Reich unterm Riesenrad.

Hinzu kamen ambulante Verführungen von Salamucci- und Mandolettiverkäufern, denen der Verkauf ihrer Waren in der Innenstadt verboten war, und dazwischen kokettierten aufg'maschelte Praternymphen. Der Prater wurde zur größten Fressmeile Europas, zu einem weitbekannten Schlaraffenland, das 1846 nicht weniger als 54 konzessionierte Wein- und Bierschenken mit Abertausenden Sitzplätzen zählte.

Unterm Riesenrad soll auch der erste Hotdog der Welt entstanden sein: Johann Georg Lahners (siehe Seite 116) Urenkel Leopold hatte die glorreiche Idee, die Wurst samt Senf phallusgleich in einen ausgehöhlten länglichen Wecken zu stecken, damit man sie leichter aus der Hand essen konnte. Er nannte das Ding »Knacki-Fracki« (Knackwurst im Frack) und wurde ein wohlhabender Mann – weil es dem Prater an einem nie mangelte: Gäste, die sich an Pikanterien erfreuen!

Adresse Riesenradplatz 1, 1020 Wien, www.wienerriesenrad.com | **ÖPNV** U 1, U 2, Station Praterstern; S-Bahn S 1–S 3, S 7, S 15, Station Wien Nord; Straßenbahn O, 5, Bus 80A, Station Praterstern | **Öffnungszeiten** wechselnd, bitte der Homepage entnehmen | **Tipp** Auf der Kaiserwiese vor dem Riesenrad befand sich im 19. Jahrhundert das sogenannte »Venedig in Wien«, der erste Themenpark der Welt, für den man ein künstliches Venedig mit Kanälen und Gondeln nachgebaut hatte. Pikantes Detail: Der nach New York emigrierte Bäcker Ignatz Frischmann hat »das längliche, innen ausgehöhlte Brot, in das die Wurst samt Tschuri phallusähnlich hineingesteckt wird«, in die USA gebracht, wo es als Hotdog berühmt wurde, allerdings aufgrund von puritanischer Prüderie seine Form abändern musste – in Wien hingegen steckt die Wurst noch immer so im Brot, wie es die Natur vorsieht!

79 Rudis Beisl

Mürb wie Butter ohne Bein

Es gibt Lokale, die sind für ihr Bruckfleisch bekannt, andere fürs Gulasch oder Schnitzel – Rudis Beisl ist es für eine weitere Spezialität: Wiener Zwiebelrostbraten. Kulturhistorisch ist Rostbraten ein Fleisch, das nicht am Spieß gebraten wurde, sondern auf dem Bratenrost. Mit dem Wiener Rostbraten hat das aber so gut wie nichts zu tun, da dieser immer in der Pfanne zubereitet wird. Schlachttechnisch ist der Rostbraten ein Stück von der »Hohen Beiried«, also der Hochrippe, deren Fleisch gut durchzogen und daher besonders saftig und g'schmackig ist.

»Richtig, Rostbraten! Das ist ein herrliches Gericht, das wird Ihnen trefflich munden«, stellte einst Adolf Glasbrenner treffend fest. Tatsächlich gibt es kaum etwas Besseres als einen Wiener Rostbraten – für den die Wiener Kochbücher gleich ein ganzes Universum an Rezepten parat halten. Die bekanntesten sind Esterházy-, Girardi-, Sardellen-, Vanille-, Znaimer- und natürlich Zwiebelrostbraten. Die Grundlage ist immer das saftige Fleisch, Unterschiede gibt es nur bei den weiteren Zutaten, den Soßen und Garnituren. Weiter unterscheidet man die gedünsteten Rostbraten, die mit Rindsuppe untergossen und weich gedünstet werden und die kurz gebratenen, welche man wie ein Steak kurz rosa brät.

Der oben erwähnte Vanille-Rostbraten wird übrigens nicht mit Vanille aufgetischt, sondern mit reichlich gehacktem Knoblauch – Vanille war seinerzeit in Wien unerschwinglich, und so nannte man den Knoblauch im Volksmund spöttisch »Vanille des kleinen Mannes«.

Auch Kronprinz Rudolf war ein Liebhaber von Rostbraten und aß zusammen mit Mizzi Kaspar, der »Grande Cocotte von Wien«, jeden Dienstagabend im Hause seines Fiakers »Bratfisch« (siehe Seite 212), einen besonders mürben Zwiebelrostbraten – damals wie heute sind wohl Zartheit und Diskretion das Schönste an der »Hausmannskost«!

Adresse Rudis Beisl, Wiedner Hauptstraße 88, 1050 Wien | **ÖPNV** Straßenbahn 1, 62, Station Laurenzgasse | **Öffnungszeiten** Mo–Fr 11–15 und 18–23 Uhr | **Tipp** In der Erdbergstraße 10 (Wien Erdberg) befand sich im 18. Jahrhundert die Gaststätte »Zur schönen Sklavin«, berühmt wegen ihrer exzellenten Küche. Über den Rostbraten schwärmte Meisl in seinem Buch »Wien mit seinen Vorstädten humoristisch geschildert« wie folgt: »groß und mürb wie Butter ohne Bein«. Das dürfte auch heute noch der Vorstellung der meisten Wiener Rostbratenfreunde entsprechen.

80_ Die Ruprechtskirche
Brot und Salz – Gott erhalt's

Salzgurken für die »Einbrennte Hund«, Salzkapern fürs Beuschel, Sardellen-Rostbraten, Rinderzunge mit Sardellensoß, Sardellenringerl zum Wiener Schnitzel oder Sardellen-Butterbrot sind nur einige wenige Beispiele dafür, wie wichtig eingesalzene Produkte in der Wiener Küche waren und sind. Insbesondere Salzkapern und Sardellen (oftmals gemeinsam verwendet) sind geradezu unersetzlich, waren sie doch einerseits der perfekte Geschmacksverstärker für viele Gerichte und Soßen, andererseits eine hervorragende Garnitur zu gebackenen Speisen; die »Wiener Garnitur«, welche ursprünglich zu gebackener Lammbrust serviert wurde, besteht nicht umsonst aus Zitronenvierteln, Salzkapern, Sardellen und Petersilie.

Wie wichtig das Salz war, zeigt die Tatsache, dass es im Mittelalter eine eigene Behörde gab, die den Salzhandel überwachte. Im Habsburgerreich war sie direkt dem Herrscherhaus unterstellt. In Wien befand sich das Salzamt zwischen 1500 und 1824 im sogenannten Praghaus neben der Ruprechtskirche, der Kirche der Salzschiffer, die heute das älteste erhaltene Gotteshaus Wiens ist. Die Salzer – so nannte man die Bürger, welche per kaiserlichem Edikt mit Salz handeln durften – haben im 18. Jahrhundert das Kirchlein unter ihre Fittiche genommen, was bedeutete, dass die sehr wohlhabende Zeche der Salzer für seine Renovierung und Erhaltung zuständig war.

Das Salz wurde meist per Schiff nach Wien gebracht und auf dem Salzgrieß (mit »Grieß« beschreibt man eine Flussbiegung mit Kiesablagerungen), der einstigen Schiffsanlegestelle der Salzhändler, abgeladen und gehandelt. Zu ihrer Zeit waren die Salzämter mehr oder weniger unantastbar, und es gab kaum ein Rechtsmittel gegen deren Beschlüsse. Am 1. April 1824 wurde – kein Aprilscherz – das Wiener Salzamt aufgelöst. Noch heute sagt man aber »beim Salzamt beschweren«, wenn ein Behördengang besonders sinnlos erscheint.

Adresse Ruprechtsplatz, 1010 Wien | **ÖPNV** U 1, U 4, Station Schwedenplatz | **Öffnungs-zeiten** Mo–Fr 10–12 Uhr, Mo, Mi und Fr 15–17 Uhr | **Tipp** An der Stelle, wo früher das Wiener Salzamt war und das Salz versteuert wurde, befindet sich heute das gleichnamige Restaurant Salzamt (www.salzamt-wien.at).

81__Sacher

Wiener Tortenstreit und Séparées

Die bekannteste Torte Wiens wurde 1832 vom Lehrling Franz Sacher für einen Empfang des Staatskanzlers Fürst von Metternich (1773–1859) kreiert. Das Gebilde aus Schokobiskuit mit Marillenmarmelade und Schokoglasur wurde allerdings nicht nur weltberühmt, sondern auch Gegenstand zahlreicher Prozesse zwischen dem »Hotel Sacher« und dem »Demel's Söhne« – Grund: die Urheberrechte am Titel »Original Sacher Torte«. Hauptstreitpunkt war die Frage, ob die Marillenmarmelade in der Mitte der Torte (wie beim Demel) oder unter der Glasur (alla Sacher) aufgetragen werden muss. Der Streit wurde mittlerweile ausgefochten und zugunsten des Hotel Sacher entschieden. Und die Torten unterscheiden sich jetzt auch optisch gravierend, denn die Demel-Sachertorte wird mit einem dreieckigen Siegel versehen, die Sacher-Sachertorte hingegen mit einem runden!

Franz Sachers Sohn Edouard eröffnete 1876 das Hotel Sacher. Ihm wurde nachgesagt, dass er der größte Gaumenschmeichler Wiens sei, und die Damen rannten ihm die Tür ein, um sich an seinen süßen Gaben zu delektieren. Edouard genoss zudem eine gute Ausbildung und wusste diese geschickt zu nutzen. So etablierte er als erster Wiener Restaurator die Chambres séparées, in denen man in diskreter Atmosphäre soupieren und flirten konnte. In einem überlieferten Brief eines von Sehnsucht geplagten Galans steht geschrieben: »heut' am Abend wart' ich wie immer im Sacher auf dich … heut' wirst aufg'fressen … vorher tun wir ordentlich soupieren in unserem Séparée … Wie ich mich auf den Nachtisch freu'! Was denkst denn, was es gibt? Wennsd' ›Pfui‹ sagst, hast Du's erraten – Bussi!«

Auch wenn die Sacher-Séparées sicher gut besucht und Stadtgespräch Nummer eins waren, so begann die eigentliche Epoche des Nobel-Hotels mit Edouards Frau Anna Sacher, die als 21-Jährige mit den Worten »Der Herr im Haus bin ich!« das Kommando übernahm.

Adresse Café im Hotel Sacher, Philharmonikerstraße 4, 1010 Wien, www.sacher.com |
ÖPNV U 1, U 2, U 4, Station Karlsplatz; Straßenbahn 1, 2, 71, D, Station Oper |
Öffnungszeiten Mo–So 8–24 Uhr | **Tipp** Auch das berühmte Hotel Imperial, das
anlässlich der Weltausstellung 1873 seine Pforten für die Schönen, Reichen und Mächtigen
der Welt öffnete und mehrfach zum besten Hotel der Welt gekürt wurde, hat mit der
sogenannten »Imperial-Torte« eine eigene Torten-Kreation geschaffen.

82__Die Sauerkrautmanufaktur

Keine Saure-Gurken-Zeit

Wenn man »den Marchsteiner« besucht, geht einem unweigerlich Nestroys Sager »Kraut und Rüben lagen da wie Kraut und Rüben« durch den Kopf. Wo man nur hinschaut, überall Bottiche voll Sauerkraut, Fässer mit sauren Rüben und dazu bunt gemischte Gläser mit Gurken, Pfefferoni und mit Sauerkraut gefüllten Paprikaschoten.

Das Sauerkraut – in Wien nur Kraut genannt – ist vielleicht das wichtigste Gemüse und die bedeutendste Vitaminquelle der Stadt. Und Kraut passt vor allem wunderbar zu herrlich deftigen Gerichten, insbesondere zu Gänsebraten, Geselchtem, Schweinsbraten und Grammelknödeln ist es geradezu unverzichtbar. Frisches Kraut gibt mit Speck, Essig, Öl, Kümmel und Salz angemacht einen herrlichen Salat, der vortrefflich zur Grillstelze mundet. Kraut kommt in den »Krautstrudel«, ganze Blätter werden, mit Faschiertem gefüllt, zum beliebten »Krautwickler«.

Und dann gibt es da noch das ominöse »Szegediner Krautfleisch«, das aber mit der ungarischen Stadt Szeged – außer dem Gewürzpaprika – nichts gemeinsam hat. Vielmehr handelt es sich um eine Verfremdung des Székely-Gulaschs, das auch nicht aus dem Szeklerland, sondern aus Budapest stammt. Es war das Lieblingsgericht eines Anwalts namens Székely, der eines Tages zu spät in sein Stammlokal »Zur Spieluhr« kam und sich die aufgewärmten Reste von Pörkölt und Kraut samt Rahm und gebratenem Speck auf einem Teller auftischen ließ. Die Kombination war offenbar eine ideale, und das »Gulasch« wurde ihm zu Ehren zum Székely-Gulasch, dem heutigen (fälschlich Szegediner genannten) Krautfleisch.

Und der Krautler stampft weiter, damit ja keine Saure-Gurken-Zeit ausbricht … Übrigens: Unter den »Sauren Gurken« verstand man die minderwertigen, in Essig eingelegten Wintergurken, während die guten Sommergurken mit Salzwasser und – wie Sauerkraut – mittels Milchsäuregärung konserviert wurden.

Adresse Leopold Marchsteiner, Floridsdorfer Markt, Stand 37/38, 1210 Wien (Manufaktur: Töllergasse 28–30, 1210 Wien) | **ÖPNV** Straßenbahn 30, 31, Station Floridsdorfer Markt/Brünner Straße | **Öffnungszeiten** Am Marktstand: Mo–Mi 7.30–12.30 Uhr, Do–Sa 7.30–17 Uhr | **Tipp** Die – ebenfalls in Floridsdorf ansässige – Firma Frey hat ihren Ursprung in Znaim, dem berühmten tschechischen Gurkenanbaugebiet. Die Freys mussten in den Wirren des Zweiten Weltkrieges allerdings flüchten und ließen sich in Wien nieder, wo sie nun ihre feinen Köstlichkeiten im Glas erzeugen (www.frey.co.at).

83__Der Schanzlmarkt
Ab-Schiff-Verkauf

Im mittelalterlichen Wien hatten sich nicht nur innerhalb der Stadtmauern, sondern auch außerhalb mehrere Märkte entwickelt, der größte von ihnen war der Schanzlmarkt. Mit »Schanzl« bezeichnete man den Uferabschnitt des Donauarms, der unterhalb der Befestigungsmauern verlief, zwischen dem damaligen Rotenturm-Tor und der Kirche Maria am Gestade.

Waren die Marktgesetze innerhalb der Mauern recht streng, so wurden sie außerhalb der Feste verhältnismäßig locker gehandhabt – ein großer Vorteil war der, dass Waren wie Obst und Gemüse am Schanzl täglich verkauft werden konnten, was den aus der Umgebung kommenden Bauern zugutekam, aber auch der Wiener Bevölkerung, denn die Ware war frisch.

Bald war der Schanzlmarkt der bedeutendste Markt Wiens und dehnte sich zu Beginn des 19. Jahrhunderts von der (heutigen) Schwedenbrücke bis zur (heutigen) Augartenbrücke aus. Weil die Anzahl der Händler bereits 1839 unüberschaubar war, wurde der Schanzlmarkt aufgegliedert: Am rechten Donauufer durften die Schiffe mit Obst und Viktualien anlegen, am linken jene, die speziell Erdäpfel, Kraut und Rüben geladen hatten. Verkauft wurde nur aus den Schiffen heraus, lediglich am rechten Ufer gab es einen Platz für abgeladene Ware. Es muss ein gespenstisches Treiben gewesen sein, wenn die mit Obst, Gemüse, Butter, Topfen, Erdäpfeln, Kraut und Rüben beladenen Schiffe tief in der Nacht in die schlafende Stadt einfuhren. Und mit dem ersten Morgengrauen ging er los, der unüberhörbare Bahö der Marktschreier!

Doch nicht nur Händler und Kunden liebten das bunte Markttreiben, auch die Gespielinnen auf Zeit boten ihre Ware an. Bis zur Marktauflösung 1893 soll sich hier so mancher Edelmann nach einem Abenteuer umgesehen haben, während die Dienstboten das Abenteuer Einkauf angingen, denn ehrlich waren damals die wenigsten Händler, weshalb es bald eines Marktamtes (siehe Tipp) bedurfte.

Adresse Donaukanal zwischen Schwedenbrücke und Augartenbrücke, 1010 Wien | **ÖPNV** U 1, U 4, Station Schwedenplatz | **Tipp** Bis 1969 gab es bereits im Rathaus ein Marktamtsmuseum, das aus Kapazitätsgründen geschlossen wurde. Seit 2012 gibt es ein neues beim Floridsdorfer Markt, wo man sich über die Geschichte der Wiener Märkte und insbesondere des Marktamtes informieren kann (Tel. 01/400059255).

84_ Schloss Leopoldsdorf

Tannhäuser und das Lotterleben

Es ist leider nicht wirklich hinlänglich bekannt, dass der Minnesänger Tannhäuser (1200–1270) nicht nur am Venusberg und auf der Wartburg seine Lieder anstimmte, sondern vor allem auch am Babenberger Hof zu Wien. Von 1235 bis 1246 ließ er bei Herzog Friedrich II. (1211–1246) die Harfe erklingen und wurde dafür regelrecht verwöhnt. Friedrich schenkte dem fahrenden Sänger unter anderem ein Haus in Wien sowie das Schloss Leopoldsdorf. Wer glaubt, dass Tannhäuser angesichts der reichlichen Zuwendungen keinerlei Geldprobleme hatte, irrt, denn in seinen eigenen Liedern ist klagend zu vernehmen, wie er seinen Besitz nach und nach »verzehrte und verpfändete«. Schuld daran waren der gute Wiener Wein, die »Bäder« (Bordelle), die verlockend zart bewaldeten Venushügel sowie »diu mursel«.

Hinter dem geheimnisvollem »mursel« verbirgt sich das französische »morceaux«, das wiederum nichts anderes als Leckerbissen bedeutet. Es gibt Historiker, die davon ausgehen, dass damit das Gabelfrühstück gemeint sein könnte, jedoch ist anzunehmen, dass Tannhäuser sich auf alle Mahlzeiten bezog.

Das »mursel« war jedenfalls Ausgangspunkt einer lebhaften Diskussion, ob die Wiener das Gabelfrühstück vom französischen »déjeuner à la fourchette« übernommen und »eingewienert« haben oder es doch selbst erfanden und der weitgereiste Tannhäuser das zweite Frühstück nur mit einem französischen Modewort bedachte – was aber eigentlich »wurscht« ist, denn das Gabelfrühstück gilt so oder so als urwienerisch.

Sicher ist hingegen, dass Tannhäuser nicht nur am Bonner Venusberg, sondern auch auf den Wiener Venushügeln ein wahres Lotterleben geführt haben muss, das ihn immer wieder in finanziell prekäre Situationen brachte. Als Zechpreller war er stadtbekannt und so verrufen, dass ihn nach eigenen Angaben die Wiener Wirte »lieber gehen als kommen« sahen.

Adresse Schlossgasse 2–4, 2333 Leopoldsdorf | **ÖPNV** U 1, Station Reumannplatz; U 6, Station Siebenhirten; ÖBB Postbus 368 oder Regionalbus 266, Station Leopoldsdorf Feuerwehr/ Kirche; Regionalbus 266 bis Station Leopoldsdorf Feuerwehr/Kirche | **Öffnungszeiten** Schloss ist in Privatbesitz | **Tipp** Im Szenebeisel »Santo Spirito« in der Wiener Innenstadt wird ausschließlich mittelalterliche und klassische Musik gespielt. Ein interessantes Detail am Rande ist, dass sich das »Spirito« in der Kumpfgasse Nummer 7 befindet, wo einst das »Wirtshaus zur neuen Welt« stand, das Martin Behaim, dem Entdecker Brasiliens, zu Ehren so genannt wurde.

85_ Das Schmauswaberl

Mehr als Restlessen

Keine Geringere als Maria Theresia höchstpersönlich verordnete, dass die Reste der kaiserlichen Hoftafel an Beisel und Gasthäuser billig abzugeben seien. Als Inbegriff des »Schmauswaberl« (Waberl = Barbara) gilt freilich die von Maria Theresia persönlich in den Stand einer solchen Resteverwerterin erhobene Gastwirtin Barbara Roman (†1813), die in ihrem legendären Gasthaus »Zum goldenen Schiff« am Spittelberg werkte. Sie muss eine wahre Meisterin ihres Fachs gewesen sein und aus den Resten der Hoftafel ganz besondere Leckerbissen gezaubert haben, wie der Chronist Josef Richter in seinen berühmten »Eipeldauer Briefen« zu berichten weiß:

»Bey der kriegt man freilich gute Bissen … daß hiezt aus den Hofkucheln Kapäuner und Fasaner sogar g'rupfter und g'bratener davon flieg'n, und d' Hasen g'spickter und g'bradener davon laufen … zu der Schmauswaberl auf'n Spittelberg.«

In Anbetracht des kargen Speisenangebots des vierten Standes um die 18. Jahrhundertwende, das sich erst im Biedermeier wesentlich verbesserte, wird deutlich, wie wichtig diese Schmauswaberl für die Armen und Arbeiter waren – ein wahres Schlaraffenland, wo einem nach endlosem Brei-Futtern die gebratenen Tauben in den Mund flogen.

Seit dem Vormärz begann die Monarchie das Volk regelrecht zu füttern, um es politisch unmündig zu halten, wie Charles Sealsfield in »Austria as it is« (1828) berichtet: »Wenn sie auch den Untertanen geistige Fesseln anlegt, so sorgt sie eifrig für ihr leibliches Wohl.« Nicht umsonst ist die k. u. k. Monarchie gestärkt aus den Wirren des Vormärz hervorgegangen.

Bis heute kennt die Wiener Küche eine ganze Reihe von köstlichen Resteverwertungen, darunter fallen viele traditionelle Einlagen für Rindsuppe (Reste konnten gut in Teig versteckt werden), aber auch Klassiker wie »Grenadiermarsch«, »Schinken-Begräbnis« und das Eintopfgericht »Restlessen«.

Adresse Haus Neustiftgasse 7, 1070 Wien | **ÖPNV** U 2, U 3, Station Volkstheater | **Tipp** Am Spittelberg befindet sich auch das um 1700 errichtete Amerlinghaus, das 1975 von einer Aktivistengruppe besetzt wurde und seit 1978 ein selbst verwaltetes Kulturzentrum ist. In diesem Haus befindet sich das Amerlingbeisl mit seinem schönen Innenhof (www.amerlingbeisl.at).

86__ Der Schuller

Inkarnation des Leberkäses

»Die Burenwurst da is vom Gigara«, meint ein dezent gekleideter Herr zu seiner Begleiterin. »Do loß i mi einestechen, waun des Heidl ned zu hundat Prozent vom Roßfleischhocka schdaumt!« … H. C. Artmanns (siehe Seite 84) Lektüre »Im Schatten der Burenwurst« ist eine gleichermaßen originale wie originelle Liebeserklärung an seine Heimatstadt Wien. Was die beiden Protagonisten da besprechen, hat in Wien Tradition: Wurstwaren vom Gigara (Pferd).

Welch große Rolle dieses Fleisch in der Wiener Küche spielte, belegen Titulierungen wie »Gollasch«, »Leberkas« oder »Würstl«, die für das Pferd benutzt wurden. Es sind zudem die wichtigsten Wiener Rezepturen für Pferdefleisch, dazu kommen Rostbraten, Paradeisbraten, Weinstück und Zunge.

Noch um die Mitte des 19. Jahrhunderts war die Arme-Leute-Küche sehr einfach und verbesserte sich erst ab den 1870er Jahren, weil ab da das Pferdefleisch wesentlich preiswerter erhältlich war. Trotzdem findet man kaum Pferdefleisch-Rezepte, und Amalie Grünzweig schreibt in ihrem »Wiener Koch- und Wirtschaftsbuch« 1875 fast lakonisch: »Dort, wo dies gegessen wird, benützt man keine Kochbücher …«

Noch vor wenigen Jahrzehnten gab es eine ganze Reihe von Wiener Pferdefleischhauern, übrig ist mit dem Schuller ein einziger; dabei hat bereits Olga Hess (1928) das Pferdefleisch als fettarmes Fleisch von gutem Geschmack gelobt. Doch für die meisten Wiener gibt es – abgesehen vom Gulasch – nur zwei Bestimmungen für dieses Fleisch: Wurst und Leberkäse. Und der vom Schuller seit 1916 produzierte Leberkäse ist so gut und beliebt, dass dieser köstliche Traditionsimbiss – dem Gigara sei Dank – noch immer zwischen zwei Semmelhälften eingebettet genossen werden kann! Und auch das oben genannte »Heidl« – also die Burenwurst – darf in Wien gern schon mal aus Pferdefleisch sein … muss aber als solche bezeichnet werden.

Adresse Pferdefleischerei Rudolf Schuller, Schwaigergasse 31, 1210 Wien | **ÖPNV** S 1, S 2, S 3, S 7, Station Floridsdorf; Straßenbahn 26, Station Am Spitz | **Öffnungszeiten** Mo−Fr 7−18 Uhr | **Tipp** Neben dem Schuller gibt es einen zweiten österreichischen Pferdefleischhauer mit ausgedehntem Filialnetz in Wien, nämlich die Firma Gumprecht aus Oberösterreich (www.gumprecht.at). Witzig ist der Leberkäse in Gugelhupf-Form.

87___Das Schweizerhaus
Im Prater riecht man die Braten

Eine weit über die Grenzen Wiens hinaus bekannte Prater-Lokalität ist das Schweizerhaus, das mit Fug und Recht als eine Wiener Institution bezeichnet werden darf. Bereits 1766 wurde das Schweizerhaus – damals noch als sogenannte »Schweizerhütte« – urkundlich erwähnt, 1814 wurde es während des Wiener Kongresses in »Zum russischen Zaren« umgetauft, und während der Weltausstellung 1873 bekam es seinen heutigen Namen »Schweizerhaus«. Seit 1920 wird die vielleicht berühmteste Bierschwemme Wiens von der Familie Kolarik geführt, die 1926 das besonders süffige Budweiser-Bier importierte und zum Hauptgrund eines Schweizerhaus-Besuches machte. Und weil Olmützer Quargel, Znaimer Gurken und Bramborák (böhmische, in Schmalz ausgebackene Kartoffelpuffer) so vortrefflich mit Bier harmonieren, wurden diese gleich mit importiert, dazu gesellten sich Radi, Rohscheiben und durchschlagender Erfolg.

Als gelernter Fleischer errichtete Karl Kolarik – der »Urvater« des Schweizerhauses – einen Pavillon mit dem Namen »Wiener Würstelselcherei«, die als die erste offene Schauküche Wiens in die Geschichtsbücher eingegangen ist. Und er führte das ein, wofür das Schweizerhaus bis heute – man darf wohl ungestraft behaupten: weltweit – bekannt ist: die knusprigen Grillstelzen. Innen saftig, außen von krachender Schwarte umkränzt und mit einem unvergleichlichen Aroma von Kümmel und Knoblauch ausgestattet, lassen sie dem Genussmenschen allein schon beim Gedanken daran das Wasser im Munde zusammenlaufen.

Der bekannte Koch Reinhard Gerer brachte es auf den Punkt: »Man kann in Wien alle möglichen Schanigarten-Konzepte ausprobieren, doch letztlich landen alle bei einer Stelze und einem kühlen Bier im Schweizerhaus.« Und damit das so bleibt, gibt es hier auch keine Musik, denn ins Schweizerhaus geht, wer plaudern und dabei die gute böhmische Küche sowie eine gepflegte Bierkultur genießen will.

Adresse Prater 116, 1020 Wien | **ÖPNV** U 2, Station Messe-Prater; Straßenbahn 1, Station Prater Hauptallee | **Öffnungszeiten** Mo – So 11 – 23 Uhr | **Tipp** Auch in der Wiener Innenstadt gibt es mit der sogenannten »Gösser Bierklinik« eine historische Bierschwemme, die 1406 erstmals erwähnt wurde und seit 1683 als Bierschwemme geführt wird – es ist sohin eines der ältesten Gasthäuser Wiens (www.goesser-bierklinik.at).

88__ Die Secession

Stilvolle Nockerln und erster Vegetarismus

Wien explodiert zwischen 1870 und 1910 von rund 850.000 Einwohnern auf gut zwei Millionen. Das neue, multikulturelle Wiener Volk bestand nicht nur aus böhmischen Köchinnen und arbeitssuchenden Zuwanderern, sondern auch aus unermesslich reichen Adeligen, die sich rund um die 1865 neu eröffnete Ringstraße in eindrucksvollen Palais niederließen. Sie alle brachten in der Gründerzeit eine Unzahl neuer Gerichte und Essgewohnheiten in die Stadt – und das nachhaltig, weil aus den »Zuagrasten« bald echte Wiener wurden.

Die Jahre des Fin de Siècle und des Wiener Jugendstils wurden dann die Zeit der »Verfeinerung«. Es änderte sich die Mode, und die volkstümliche Küche gewann an Noblesse. Die Damenwelt emanzipierte sich und vertrat ein neues, schlankes Schönheitsideal, was einen regelrechten Mager-Kult auslöste. Und weil sich derart hagere Geschöpfe wohl kaum von Schweinsbraten mit Grammelknödeln, Kraut und Bier ernährt haben dürften, wundert es nicht, dass der 1878 gegründete Wiener Vegetarier-Club an Bedeutung gewann und 1902 der erste Wiener Vegetarier-Tag organisiert wurde.

1897 spaltete sich eine Gruppe junger Künstler vom Künstlerhaus ab und gründete die »Wiener Secession«. Zur Eröffnung des Ausstellungsgebäudes Secession wurden mit Spinat und Paradeisern »grün und rot« eingefärbte Grießnockerln – die sogenannten »Secessionsnockerln« – aufgetischt; Rot und Grün waren die Farben der »Secessionsbewegung«, die aber freilich nicht vegetarisch war. 1903 läutete die Secession mit Gründung der Wiener Werkstätten eine neue Ära der Tischästhetik ein und schuf ein zeitlos schönes Besteck- und Geschirr-Design, das noch heute begeistert.

Keine Frage, in den Jahrzehnten vor dem Ersten Weltkrieg entwickelte sich die unverwechselbare Stilistik der Wiener Küche, die wir heute noch lieben … der Vegetarismus hingegen vermochte sich in Wien nicht so recht durchzusetzen …

Adresse Wiener Secession, Friedrichstraße 12, 1010 Wien | **ÖPNV** U1, U2, U4, Station Karlsplatz | **Öffnungszeiten** Di–So 10–18 Uhr | **Tipp** Auf der Rechten Wienzeile 1–1a befindet sich der sogenannte Bärenmühlendurchgang, der auf eine mittelalterliche, am Wienfluss gelegene Mühle zurückzuführen ist.

89 _ Das Servitenkloster

Riesenkipfel

Friedrich Torberg meinte einmal sinngemäß, dass Wien die Stadt sei, in der Legenden noch weniger auszurotten seien als anderswo – man denke nur an Kolschitzky (siehe Seite 108), die Cillykugeln (siehe Seite 112) oder das Wiener Schnitzel (siehe Seite 156). In diesen Reigen der ganz schön unwahren Geschichten reiht sich auch das Kipfel ein, eines der traditionellsten Wiener Brauchtumsgebäcke: Es wird nämlich zu Unrecht erzählt, dass der Bäckermeister Peter Wendland seinerzeit die Türken mit diesem halbmondförmigen Gebäck verhöhnen wollte.

Tatsächlich war das Kipfel (lateinisch cippus = Spitzsäule) als »heidnisches Brauchtumsgebäck« schon viel früher bekannt und wird als Symbol für den doppelgehörnten Gott Dionysos gedeutet. Erstmals erwähnt wurde es 1227 als sogenanntes »Chiphen« im Rahmen einer Weihnachtsfeier Leopold des Glorreichen.

Seit der Barockzeit werden in der Rossau vom dortigen Servitenkloster sogenannte Peregrinikipfel an Arme und Wallfahrer verschenkt. Diese wahren Riesenkipfel aus leicht gesüßtem Weißmehlteig sind dem heiligen Peregrinus geweiht, dem Schutzpatron der Gehbehinderten. Die Pilger waren des festen Glaubens, dass der Genuss eines Peregrinikipfels – möglichst noch warm – die Heilung kranker Füße fördere. »Es wurde in größerer Form als die üblichen Kipfel hergestellt, und in früheren Zeiten hatte nur der Hofbäcker Ludwig Plank das Recht, dieses Heilbrot herzustellen. Eine Ladung warmer Kipfel ging unter Kaiser Ferdinand I. stets in die Hofburg …«, berichtet der Chronist Gustav Gugitz.

Das Peregrinikipfel wurde traditionell rund um den Peregrinitag (27. April) von Ende April bis Anfang Mai gebacken und auch am ehemaligen St. Georgsmarkt in der Rossau verkauft. Und wer sein Peregrinikipfel nicht gleich bewältigen kann, der braucht nicht lange herumzukiffeln, sondern nutzt das Verbliebene am nächsten Tag für einen feinen »Wiener Kipfel-Koch«.

Adresse Servitenkirche, Servitengasse 9, 1090 Wien | ÖPNV U4, Station Rossauer Lände; Straßenbahn D, Station Schlickgasse | Tipp Tatsächlich zählen die Kipferl/Kipfel zu den autochthonen Wiener Mehlspeisen. In der Innenstadt befindet sich in der Grünangergasse Nummer 8 ein mit Semmeln, Brezeln und Kipferln verzierter Eingang, der zum sogenannten »Kipferlhaus« gehört, wo der Legende nach 1683 das erste Kipferl gebacken worden ist.

90_ Die Sissi-Taler

Milch von der Lipizzaner-Kuh

Im Museum der Confiserie Heindl ist ein überdimensionierter »Sissi-Taler« zu bestaunen – eine süße Reminiszenz an die berühmte Kaiserin, die Naschwerk tatsächlich geliebt haben soll; in Maßen freilich. Schlank, sportlich und emanzipiert verkörperte Sissi in ihrer Zeit einen neuen, modernen Typus Frau. Ihr lebenslanges Bemühen um eine sportliche Figur, ihre exzentrischen Diäten, das stundenlange Trainieren und Reiten waren für die meisten Zeitgenossen zumindest befremdlich. Abgesehen davon ernährte sie sich keineswegs konstant – je nach Lust und Laune entwickelte sie mal einen guten Appetit und aß (verhältnismäßig) reichlich, dann wieder unterzog sie sich drastischen Diäten.

Tatsächlich litt Sissi in späteren Jahren aufgrund übertriebenen Fastens an Hungerödemen. Das Bild von der Veilchensorbet schlürfenden Kaiserin ist also ein idealisiertes, wenngleich nicht falsches. Sie soll sogar eine passionierte Eisesserin gewesen sein, will man der letzten Hofdame Gräfin Irma Sztáray Glauben schenken. Sissis Diätwahn ging so weit, dass sie Katharina Schratt, der mit ausgeprägten weiblichen Rundungen ausgestatteten Geliebten des Kaisers, diverse Abnehmtipps unterbreitete, was den Kaiser – seinerseits ein Liebhaber weiblicher Attribute – zu der Bemerkung veranlasste: »Ich betrachte die Waage als Unsinn und Unglück!«

Sissis Dauerdiät bestand aus Wasser, ausgepresstem rohem Fleischsaft, rohen Eiern und frischer Milch. Sie ließ im Schlosspark von Schönbrunn sogar eine eigene Meierei errichten und kaufte sich eigene Kühe. Doch die Kaiserin tat auch sonderbare Wünsche kund wie diesen: »Heute Morgen möchte ich wieder ein kleines Gläschen von der Lipizzaner-Kuh!«

Besonders glücklich dürfte Sissi trotz Stutenmilch nicht gewesen sein, wie man folgenden Worten entnehmen darf: »Für mich keine Liebe, für mich keinen Wein / Die eine macht übel, der andere macht spei'n.«

Adresse Confiserie Heindl SchokoMuseum, Willendorfer Gasse 2–8, 1230 Wien | **ÖPNV** U 6, Station Alterlaa; Autobus 66A ab Reumannplatz (U 1) bis Station Willendorfergasse oder Badner Bahn ab Oper beziehungsweise Baden bis Station Inzersdorf/Personenbahnhof | **Öffnungszeiten** Mo–Sa 9–16 Uhr, So Okt.–März 10–16 Uhr | **Tipp** Kaiserin Elisabeth hatte eine ausgeprägte Aversion gegen zeremonielle Hoftafeln – sie ging ungeliebten Gästen und der Familie oft lieber aus dem Weg. Wie derartige Tafeln ausgesehen haben, kann man in der Hofburg oder in Schloss Schönbrunn besichtigen.

91_Der Speiseaufzug

… ewiges Auf und Ab

Der Spittelberg – eigentlich Spitalsberg, weil das Bürgerspital dieses Gebiet 1525 erworben hatte – war früher echte Vorstadt mit Weidelandschaften und Höfen. Sigmund Freiherr von Kirchberg begann 1675, die lose zusammenhängenden Gründe zu verpachten, angesiedelt haben sich daraufhin besonders viele Kroaten, was dem Spittelberg den Beinamen Crobotendörfel einbrachte. 1850 wurde er dann ein Stadtteil von Wien.

Vom 18. bis weit in die Mitte des 20. Jahrhunderts hatte der Spittelberg einen sehr zwielichtigen Ruf, weil sich hier allerlei dubioses Gesindel, Tschecheranten, Taugenichtse, Tagelöhner, Taschenspieler, Zuhälter und Prostituierte die Beisel-Klinken in die Hand gaben. Aus dieser Mischung von Landwirtschaft und Prostitution stammt auch der Wiener Ausdruck »Pudern« für den Geschlechtsakt, denn »Pudern« leitet sich vom »Buttern« ab – die Technik, mit einem Stößel die Butter zu Rahm zu schlagen, erinnerte einige Herrschaften offensichtlich ans Pudern.

Eines der ältesten Häuser ist das Gebäude »Zum heiligen Joseph«, das Anfang des 18. Jahrhunderts erbaut wurde und schon von Beginn an als Weinschenke diente. Heute ist es das kleinste Restaurant von Wien, das seinen Namen »Zu ebener Erde und erster Stock« einer Nestroy'schen Posse verdankt. Und analog zu Nestroys Thematik, dem Wechselspiel von Arm und Reich, befindet sich hier unten ein Kaffeehaus für die »armen Schlucker« und im oberen Stock ein feines Biedermeier-Restaurant für die »reichen Prasser«.

Den Mittelpunkt des Geschehens bildet ein alter Speiseaufzug, der auch heute noch in Betrieb ist. Und so wie es am, auf und mit dem Spittelberg in seiner langen Geschichte oft auf und ab ging, so führt der Speiseaufzug – als Gleichnis des Lebens – die »vollen« Teller, Flaschen und Gläser in den ersten Stock und bringt anschließend das abgegessene Geschirr »zur ebenen Erde« auf den Boden der Tatsachen zurück.

Adresse Zu ebener Erde und erster Stock, Burggasse 13, 1070 Wien | **ÖPNV** U 2, U 3, Station Volkstheater; Straßenbahn 1, 2, Station Dr.-Karl-Renner-Ring | **Öffnungszeiten** Mo−Fr 11.30−22 Uhr | **Tipp** Auch das Glacis Beisl entstammt einer zwielichtigen Vergangenheit zwischen Trunksucht und Prostitution. Es steht auf Resten der alten Stadtmauer, in der sich sogenannte Lucken befanden. Diese für das Wachpersonal vorgesehenen Unterstände wurden von den Wächtern kurzerhand »vermietet«, damit sich in ihnen die Freier mit ihren Lustdamen vergnügen konnten. Der »Glacis« wurde zum Synonym für den Spittelberg und seinen ausschweifenden Lebenswandel (www.glacisbeisl.at).

92_ Das Steirereck

Die moderne Wiener Küche

Das »Steirereck« ist seit Jahrzehnten der Inbegriff für Küche auf Sterneniveau. Und die berechtigte Frage, warum ausgerechnet das »Steirereck«, ermöglicht, darauf hinzuweisen, dass die Wiener Küche einen Gutteil ihrer Rezepte den bäuerlichen Zuwanderern aus den Bundesländern verdankte. Diese ziehen sich aber im Zuge eines neuen kulinarischen Regionalbewusstseins mehr und mehr aus der Wiener Küche zurück und verweigern den alten Grundsatz »österreichische Küche ist gleich Wiener Küche«. Sie kochen lieber »pannonisch« oder »steirisch« und geben selbstbewusst eigene Kochbücher heraus – und so ist es geradezu bezeichnend, dass ausgerechnet ein Lokal mit provinzieller Bodenhaftung die Spitzengastronomie der Stadt umgekrempelt hat.

Heinz Reitbauer junior veredelt mit individueller Handschrift die besten Produkte der Bundesländer zu einer neuen Küchenstilistik, die er »national fusion« nennt. Er vertritt die These, dass das Steirereck ganz Österreich in seiner edelsten Form repräsentieren soll – macht also im Grunde das, was die Wiener Küche immer gemacht hat: »einwienern« nämlich.

Das alte Kakanien lebt in den Beiseln weiter. Die Top-Gastronomie kann somit neue Wege beschreiten. Die Basis braucht es dafür als Rückendeckung, denn ohne die Wirte würde gerade der Wiener Küche die Identität verloren gehen. Und das wäre fatal für die Stadt, die als einziges Bundesland keine eigene Tracht hat. Wien braucht seine Küche also für seine Identität wie einen Bissen Brot, damit Wolfram Siebeck recht behält, wenn er behauptet, dass »die Wiener Küche eine Insel des Genießens im Meer der anonymen Einheitlichkeit ist«. Siebeck stellt aber auch fest, dass die österreichische Küche »eine Verfeinerung und Modernisierung, die man unter der Oberfläche von Blunzen, Beuschl und Tafelspitz nie vermutet hätte«, erfährt – und das ist nicht zuletzt das Verdienst von Lokalen wie dem Steirereck.

Adresse Steirereck im Stadtpark, Am Heumarkt 2a, 1030 Wien | **ÖPNV** U 3, Station Landstraßer Hauptstraße oder Stubentor; U 4, Station Stadtpark; Straßenbahn 1, 2, Station Stubentor oder Weihburggasse | **Öffnungszeiten** Mo – Fr 8 – 23 Uhr, Sa und So 9 – 19 Uhr | **Tipp** Wie sehr das Steirereck in der Tradition der österreichischen Küche verwurzelt ist, zeigt sich auch in der dem Haus angeschlossenen Meierei, wo neben edelsten Käsen auch Lammbeuschel, Wiener Schnitzel, Gulasch und Kaiserschmarren angeboten werden.

93__Der Stelzerhof
Breitenfurter Milchrahmstrudel

Während es sich beim Kaiserschmarren (siehe Seite 96) um eine eingewienerte Mehlspeise handelt, ist der Milchrahmstrudel, will man alten Kochbüchern Glauben schenken, tatsächlich eine authentische – zumindest ist er als »Mülch Raimb Strudl« im handschriftlich verfassten Wiener »Koch-Puech« von 1696 erstmals erwähnt. Berühmt wurde die süße Köstlichkeit allerdings nicht in Wien, sondern im kleinen Vorort »Breitenfurt bei Wien«, und das aus gutem Grund:

Als ein gewisser Franz Stelzer im Jahre 1875 den elterlichen Gasthof in Breitenfurt übernahm, war ihm die Liebe der Wiener zu Mehlspeisen bekannt, weshalb er sich auf die Zubereitung von Buchteln, Cremeschnitten, gebackenen Mäusen, Marmorgugelhupf und besagtem Milchrahmstrudel spezialisierte. Bald war sein aus Semmeln, Milch, Obers, Butter, Eiern, Rosinen, Zucker und Vanille hergestellter Strudel, der mit einer köstlichen Vanillesoße aufgetischt wird, weithin als der beste bekannt, und Stelzer ward fortan nur mehr »Milchrahmstrudelwirt« genannt. Am Wochenende fuhren die Kavaliere mit ihren Naschkatzen in Scharen mit dem Fiaker hinaus in den Wienerwald – was damals einer kleinen Weltreise gleichkam und aus Sicht der Kavaliere durchaus beabsichtigt war –, um sich an Mehlspeisen und dem sprichwörtlich guten Müllirahmstrudel zu laben.

Es muss eine Situation gewesen sein ähnlich einer solchen, wie sie Udo Jürgens in seinem Hit um die »Schlacht am Tortenbuffet« persifliert; Berge von üppigen Süßspeisen warteten auf mehr oder weniger hungrige Mehlspeistiger. Eines Tages saß der Wiener Publizist Ferdinand Kürnberger im Stelzerhof und beobachtete das bunte Treiben. Als der Kellner kam und ihn fragte, »ob denn die Mehlspeis' schon ang'schafft sei«, antwortete er, erdrückt vom Anblick der üppigen Süßspeisen an all den Tischen ringsherum: »Als Mehlspeis' werde ich einen Hecht mit Sardellen nehmen!«

Adresse Stelzerbergstraße 18, 2384 Breitenfurt-West | **ÖPNV** S 1, S 2, S 3, Station Liesing, Anschluss Bus 354, Station Kardinal-Piffl-Platz | **Tipp** Das Stelzer-Gasthaus gibt es leider nicht mehr, und das Originalrezept hat Franz Stelzer mit ins Grab genommen, gleichwohl gibt es aber noch hervorragenden Milchrahmstrudel in Breitenfurt, und zwar im etwas oberhalb vom ehemaligen Stelzerhof (dem heutigen Brennerhof) gelegenen Gasthaus Kühmayer (www.gasthaus-kuehmayer.at).

94_ Die Stiere

Letzte Erinnerung

Es ist bekannt, dass in Wien seit eh und je bei jeder Mahlzeit mehr Fleisch verzehrt wird als anderswo – in Spitzenjahren waren es mehr als 100 Kilogramm pro Kopf! Noch im 19. Jahrhundert aß man in bürgerlichen Kreisen zweimal täglich Fleisch, in den Oberschichten sogar mehrere Fleischgänge pro Mahlzeit. Das Backhendel war das Symbol für Wohlstand, gekochtes Rindfleisch das für kleinbürgerliche Lebensart und wurde bis zu fünfmal die Woche aufgetischt.

Es ist kein Wunder, dass zwei mächtige ungarische Ochsen das Tor des ehemaligen Marxer Schlachthofs zieren, denn Hauptlieferant für die Fleischversorgung war das Rind. Es war vor der Verbreitung der Erdäpfel leichter zu füttern als das Schwein und konnte aufgrund seiner längeren Beine auch von weiter her in die Stadt getrieben werden.

Schon im 19. Jahrhundert unterschied man verschiedene Qualitäten, darunter ungarische, galizische oder deutsche Mast-, Weideund Bauernochsen. Die Tiere stammten zum Großteil aus der ungarischen Puszta, aber auch aus der Bukowina. Die Rinderhandelsfirma Sborszky & Co war beauftragt, das Fleisch für den kaiserlichen Hof zu besorgen, und kaufte ungarisches Rindvieh gleich »herdenweise«.

Die Fleischversorgung Wiens wurde im 19. Jahrhundert auf dem Viehmarkt von St. Marx zentralisiert. An starken Markttagen waren bis zu 4.500 Stück Vieh zum Verkauf aufgestellt, zu denen sich rund 150 Händler, 300 Treiber und 500 Fleischer gesellten. Am 21. Februar 1873 erließ die Gemeinde Wien einen Beschluss, der bereits 22 Gütevarietäten bei Rindfleisch klassifizierte – später wurden daraus die berühmten 24 Wiener Rindfleischteile zum Sieden! Hinzu kamen Sonderteile wie Rindskamm und Zunge, die ebenfalls gekocht wurden. Leider wird man heute kaum einen Fleischer finden, der nur annähernd so viele Varianten anbietet – aber es gibt ja auch den Marxer Schlachthof nicht mehr …

Adresse Eingangstor Marxer Schlachthof, Karl-Farkas-Gasse 19, 1030 Wien | **ÖPNV** Straßenbahn 18, Station Viehmarktgasse | **Tipp** Bevor der zentrale Fleischmarkt in St. Marx errichtet wurde, befand sich der Ochsengries genannte Viehmarkt vor dem Stubentor – nicht in der Innenstadt, sondern auf Seite des 3. Bezirks. St. Marx selbst entwickelte sich zu einem neuen, modernen Stadtteil … ohne Schlachthof.

95__Die Strudelshow
Gut versteckt ist halb genossen

Wiener verheimlichen schon mal gerne das eine oder andere. Daher verwundert es nicht, dass die Panier so beliebt ist – man kann unter der schönen goldbraunen Hülle so manches verstecken. Klassisches Beispiel: Statt des kargen Karfreitagsessens »Gebackener Sellerie« bekamen die Herren der Schöpfung meist ein anscheinend ebenfalls gottgefälliges »Gebackenes Fischerl«, und keinem fiel es auf. Weit weniger gottgefällig ist die Sache allerdings, wenn man weiß, dass das »Fischerl« ein Schweinefilet ist.

Ein anderes berühmtes Versteck für gute, aber vielleicht verbotene Sachen ist der Strudelteig. Der Strudel gilt heute – vor allem in seiner Variante als Apfelstrudel – als Inbegriff der Wiener Mehlspeisküchl, stammt aber eigentlich von den Ungarn, die ihn ihrerseits von den Türken übernommen haben. Die Wiener Strudelküche zeugt dennoch wie kaum eine andere von einem unverwechselbaren Facettenreichtum, denn sie ist nicht nur süß, sondern auch pikant oder sogar sauer. Apfelstrudel, Weinbeerstrudel, Griesstrudel, Topfenstrudel und Milchrahmstrudel gelten als süße Klassiker, bei den pikanten sind es Fleisch-, Lungen-, Erdäpfel-Grammel-, Bohnen- und Krautstrudel.

Die Zubereitung des hauchdünnen Teiges, durch den man eine Zeitung lesen können muss, verlangt Geschick und Erfahrung. Früher waren die Großmütter dafür zuständig, den Teig auf dem Handrücken zu dehnen und auszuziehen, indem sie rings um den Küchentisch gingen und den Teig dünner und dünner werden ließen. Er musste so dünn sein, dass man aus einem semmelgroßen Laibchen »Maria Theresia samt Thron in den Teig einwickeln konnte«.

Strudel müssen keineswegs immer im Ofen gebacken werden, sie können – je nach Rezept – auch gekocht oder in Fett (meist Schmalz) gebacken werden. Für die perfekte Show eignet sich der »Alt-Wiener Apfelstrudel« tatsächlich am besten – aber nur mit »Strudlern« … ansonsten wäre es ein »Versteckspiel«.

Adresse Strudelshow Schönbrunn in der Hofbackstube, Schloss Schönbrunn, Schönbrunner Schloßstraße 47, 1130 Wien | **ÖPNV** U 4, Station Schönbrunn; Straßenbahn 10 und 58, Station Schönbrunn; Bus 10A, Station Schönbrunn | **Öffnungszeiten** Strudelshows täglich ab 10 Uhr zu jeder vollen Stunde bis 16 Uhr | **Tipp** Die berühmte österreichische Nobelpreisträgerin Elfriede Jelinek ist so wie viele andere Mehlspeistiger der Auffassung, dass man den besten Apfelstrudel der Stadt im Café Korb (www.cafekorb.at) genießen kann, wo er – wie es sein soll – warm serviert wird.

96_ Die Tee- und Likörstube

Ein Tschocherl ist kein Brandineser

Tschocherl wie Brandineser wirken an der Basis und werden daher kaum in irgendwelchen Restaurantführern oder Internetportalen aufscheinen – und das ist gut so, denn in diesen Lokalen wollen die Wiener »unter ihresgleichen« sein. Nicht dass sie etwas gegen Fremde hätten, nur die Fremden sollten halt schon möglichst »vom Grund« sein.

Ein »Tschoch« hat nichts mit den Tschechen zu tun, sondern entstammt dem Jenischen, einem Südtiroler Dialekt, und beschreibt eine Bierschwemme. Aus diesem Tschoch ist dann die Verkleinerungsform Tschocherl entstanden, worunter man allgemein ein Kaffeehaus oder kleines Beisel versteht, wo Männer rauchen und Damen kellnern. Elementar wichtig für ein Tschocherl sind: Stehschank, Stammtisch, Sparverein, Fernsehapparat, Musikbox, Zigaretten samt Rauch, fettlastige Küchendünste, Hunde und deren Besitzer, ein kartenspielender »fast«-Wirt, eine arbeitende Wirtin, Wein, Bier und fleischlastige Kleinigkeiten wie Würstel für den kleinen Hunger zwischendurch.

Die Tee- und Likörstube am Lerchenfelder Gürtel hingegen ist kein Tschocherl, sondern ein Brandineser, sprich: Branntweinlokal! Hier muss die Luft ebenso von Zigarettenrauch geschwängert sein, tonangebend ist aber das »Baucherl« (Cola mit Weinbrand). Das Wichtigste ist der »Bramfer« (Weinbrand), egal, ob im Tee, im Kaffee, mit Cola oder pur. Früher gab es nahezu an jeder zweiten Ecke einen Brandineser, heute nur mehr ganz wenige … und sicher schon bald gar keine mehr. Brandineser sind Ausschanklokale, wo (selbst gebrannter) Schnaps, aber weder Bier noch Wein noch warme Speisen verkauft werden dürfen – also »Branntwein-Heurige« sozusagen. Zu essen gibt es also nichts, dafür aber »Wiener Blut«, jenen chilischarfen Weinbrandlikör mit 55 Prozent, der bei der Suche nach einem Pantscherl wahre Wunder wirken soll … wie Mann glaubt zu meinen.

Adresse Tee- und Likörstube, Neubaugürtel 27, 1150 Wien | **ÖPNV** U 6, Station Burggasse; Straßenbahn 6, 18, 49, Station Urban-Loritz-Platz (Mitte) | **Tipp** Wer nach dem Motto »Wir brauchen kein gemütliches Ambiente, denn wir sind selber gemütlich« lebt, wird sich im puristisch-nüchternen Café Weidinger am Lerchenfeldergürtel 1 sicher wohlfühlen.

97__Das Tichy

Frostige Knödel

Das erste Speiseeis, das in Wien früher nur »Gfruns« (Gefrorenes) hieß, weil es vom sogenannten »Gfornimo« (Eisverkäufer) vertrieben wurde, kam bereits 1602 nach Wien. Es war im Grunde eine Mischung aus gefrorenem Wasser und Orangensaft und wurde von einem neapolitanischen Zuckerbäcker namens Bartolo Bensari zubereitet, der mit seiner »Erfindung« durch Europa tingelte und vor allem bei der Damenwelt große Erfolge feierte – bis heute kennt man diese Kreation unter dem Namen »Granita«.

Die tatsächliche Eis-Tradition Wiens ist ein Relikt aus der alten Donaumonarchie, denn die Stadt verdankt ihre anhaltende Liebe zum Eis italienischen Gastarbeitern aus dem Zoldo-Tal in den Dolomiten. Nachdem die dortige Nagelindustrie eingegangen war, suchten sie ein neues Betätigungsfeld, weshalb sie auswanderten, sich als »Gfornimos« verdingten und ihre süßen Köstlichkeiten per Handkarren in der Stadt verkauften.

Bis heute hat sich – der Lebensmittelindustrie trotzend – eine ganze Reihe von traditionsreichen Gfornimos gehalten, denn fast alle Eissalons produzieren selbst. Der bekannteste Eissalon der Stadt ist sicherlich »Tichy«; auch der Konditor und Zuckerbäcker Kurt Tichy hat 1952 mit einem kleinen Handkarren angefangen und erst 1955 den heute so bekannten Eissalon eröffnet, der neben seinen zahlreichen Eiskreationen für eine ganz besondere Spezialität bekannt ist: die Eismarillenknödel.

In Butterbrösel gewälzte Fruchtknödel wie Marillenknödel (meist mit einem Topfenteig) oder Zwetschkenknödel (gern mit Erdäpfelteig) gehören seit jeher zu den Leibspeisen der Wiener. Daher hatte Kurt Tichy die Idee, aus Marillenmark, Vanilleeis und gemahlenen Nüssen einen Fruchtknödel in gefrorener Form zu gestalten. Das Ergebnis nannte er »Eismarillenknödel« – dessen Erfolg so groß war, dass er als einziges Produkt des Hauses exportiert wird und das Geschäft kein wirklich frostiges ist.

Adresse Tichy Eissalon, Reumannplatz 13, 1100 Wien | **ÖPNV** U 1; Straßenbahn 6, 67; Bus 14A, 67A, 65A, 7A, Station Reumannplatz | **Öffnungszeiten** Sommer, Mo–So 10–23 Uhr | **Tipp** Berühmt sind auch der Eissalon am Schwedenplatz (www.gelato.at), Zanoni am Lugeck (www.zanoni.co.at) oder die Bortolottis in Mariahilfer und Landstraße (www.bortolotti.at).

98__ Torbergs Grab
Essen war seine Lieblingsspeise

Wenn von Friedrich Torberg die Rede ist, so wird im selben Atemzug ein Gericht genannt: Krautfleckerln! Und zwar die von »Tante Jolesch« aus gleichnamigem Werk, einem Reiseführer in eine längst vergessene Zeit, wo der Ehrgeiz der Gastgeber noch darin bestand, die volle Zufriedenheit der Gästeschar zu erzielen. Tante Jolesch hat erst auf dem Sterbebett dem Drängen der neugierigen Verwandten nachgegeben und das wohlgehütete Geheimnis verraten, was ihre Krautfleckerln so einzigartig gut machte, dass Verwandte für diese einfache Speise von überall her anreisten: »Weil ich nie genug gemacht habe!«

Friedrich Torberg berichtet auch von traditionellen Weihnachtsabenden, bei denen Platten mit kunstvoll gefüllten Eiern, ein überreiches Angebot an heißen Würsten und Töpfe voll Gulasch aufgetischt wurden.

Ein Name ist so eng verbunden mit Schlemmerei und kulinarischen Orgien wie kein zweiter, nämlich der des Kabarettisten Armin Berg, bei dem Torberg oft zu Gast war. Als dieser wieder einmal zu einem Mahl geladen war, befand sich ein echtes Wiener Original und sagenumwobener Viel-Esser unter den Gästen: der große Volksschauspieler Fritz Imhoff. Von diesem berichtete Torberg, dass er nie genug bekäme und jeden Gang mit einer Geschwindigkeit reinschaufelte, als wäre es der erste. Er aß bis zur totalen Erschöpfung. Eines Tages, nach einem opulenten mehrstündigen und -gängigen Gänseschmaus, saß Imhoff um zwei Uhr früh mit gelockertem Hemd und Hosenbund schwer atmend und schwitzend auf dem Sofa, als sich plötzlich die Küchentür öffnete und drei mit mächtigen Ammenbrüsten ausgestattete Köchinnen, jede mit einem Tablett voll herrlicher Gansleberbrötchen bewaffnet, Matronen gleich im Speiseraum erschienen. Imhoff öffnete nicht ohne Mühen seine Schlitzaugen und ächzte verzweifelt: »Tse' … das wird ja net zum Derscheißen sein, morgen …«

פ״נ

פרידריך אפרים טורברג

FRIEDRICH
TORBERG
16. 9. 1908 – 10. 11. 1979

MARIETTA
TORBERG
11. 11. 1920 – 25. 3. 2000

תנצב״ה

Adresse Zentralfriedhof, Simmeringer Hauptstraße 234, 1110 Wien, Tor 1, Gruppe 6,
Reihe 0, Nummer 3, www.friedhoefewien.at | **ÖPNV** Straßenbahn 6, 71, Station Tor 1 |
Öffnungszeiten monatlich wechselnd, bitte der Homepage entnehmen | **Tipp** Ebenfalls am
Zentralfriedhof befindlich ist das Mausoleum von August Zang, der Kipferl & Co nach Paris
brachte, wo er eine Bäckerei eröffnete, ohne selbst jemals Bäcker gewesen zu sein – er soll
auch das Baguette erfunden haben. Bäckereien mit Plundergebäck werden in Frankreich immer noch Boulangerie viennoise genannt, so wie einst das Geschäft von August Zang in Paris hieß. Zang verkaufte 1848 seine Geschäfte in Paris, zog nach Wien und gründete hier die
bis heute bestehende Zeitung »Die Presse«.

99__ Der Trzesniewski

Unaussprechlich gute Brötchen

Als der Krakauer Francisek Trzesniewski 1902 am Tiefen Graben seinen ersten Imbiss eröffnete, ahnte er wohl noch nicht, dass er damit den Grundstein für eine Wiener Institution gelegt hatte. Schon bald nach der Eröffnung übersiedelte Trzesniewski vom Tiefen Graben in die Dorotheergasse, wo sich die legendären »unaussprechlich guten Brötchen« bis heute ungebrochener Beliebtheit erfreuen. Gründe für den Erfolg gibt es viele, einer ist die Top-Qualität aller Grundprodukte, ein anderer sicher das schöne Jugendstil-Ambiente des Stammsitzes. Eine weitere Besonderheit fällt auf, wenn man den Damen hinterm Tresen beim Bestreichen der Brote zusieht: Die Brote werden nämlich mit Gabeln bestrichen, wodurch die typische Optik der Trzesniewski-Brötchen entsteht. 90 Prozent der Wiener kennen die kleinen, aber feinen Gaumenkitzler, die mit ihren vielseitigen und bunten Aufstrichen Augen und Zunge gleichermaßen erfreuen.

Die Idee, »Minibrötchen« anzubieten, kam dem Trzesniewski in den 20er Jahren des vergangenen Jahrhunderts. Er wollte mit den kleinen Portionen erreichen, dass sich jeder seine schmackhaften Brötchen leisten oder man von mehreren Sorten kosten konnte – zudem waren die Minischnitten einfach und problemlos im Stehen zu verspeisen. Dazu erfand er den sogenannten »Pfiff«, jenes Achtel Bier, das vor allem die Damen sehr gerne zu ihren Brötchen genießen.

Die Rezepturen der Brotaufstriche sind naturgemäß streng geheim. Mehr als 18 der 22 Sorten sind von Anfang an im Programm und tragen so schöne Namen wie »Matjes mit Zwiebel«, »Geflügelleber«, »Pfefferoni«, »Ei mit Ei«, »Zwiebel mit Ei« oder »Speck mit Ei« – die unangefochtene Lieblingsorte der Wiener. Und neuerdings hat sich auch der »Wilde Paprika« dazugesellt und sticht im rotweiß-roten Gewand der österreichischen Nationalflagge sehr aus dem sonstigen Eiapopeia hervor.

Adresse Dorotheergasse 1, 1010 Wien | **ÖPNV** U 1, U 3, Stephansplatz; Straßenbahn 1, 2, Station Burgring | **Öffnungszeiten** Mo – Fr 8.30 – 19.30 Uhr, Sa 9 – 17 Uhr | **Tipp** Ein anderer bekannter Brötchenspezialist Wiens nennt sich »Duran Sandwiches« und hat sich vor allem auf die Produktion feiner Canapés spezialisiert (www.duran.at).

100_ Ungarns Beitrag

Alles Gulasch oder was?

Eines vorweg: Das »Wiener Saftgulasch« ist ein typisches, eigenständiges wienerisches Gericht, das sich von seinem ungarischen Verwandten nur den Namen und (später) das Paprikapulver ausgeborgt hat, nicht aber die Zubereitung – dennoch kam es zu Verwechslungen:

Das ungarische Gulyás gleicht am ehesten der »Wiener Gulaschsuppe«. Das original ungarische Gulasch entwickelte sich aus einem Hirtengericht namens Gulyás hus (Gulaschfleisch) und kam im frühen 19. Jahrhundert über Pressburg nach Wien, wo man die ursprünglich frischen Paprikaschoten durch Paprikapulver ersetzte und daraus das »Wiener Rindsgollasch« machte, das einem gebundenen Rindsragout glich. Dieses »Wiener Rindsgollasch« wurde nach Ungarn zurückexportiert. Doch die Ungarn sahen nach den tiefgreifenden Reformen Josephs II. ihre kulturelle Identität bedroht und suchten nach nationaler Eigenständigkeit. Deshalb nannten sie das neue Gulasch kurzerhand Pörkölt, um Verwechslungen zu vermeiden. Pörkölt durfte dann auch schon mal mit Kalb, Schwein, Hammel oder Lamm zubereitet werden, und die Wiener Gulaschgewürze fehlten ganz. Weil aber auch das Pörkölt – wie das Saftgulasch – ohne Mehl auskommt, kam es dennoch zu Verwechslungen. Und das Borjúpaprikás, das eigentlich ein »Wiener Kalbsrahmgulasch« war, machte die Sache nicht leichter. Kompliziert? Nein, Kakanien!

Ungarn hatte aber zweifelsohne Idee und Name zum Gollasch geliefert und den Wiener Rezeptekanon mit Gerichten wie der Halászlé (paprizierte Fischsuppe), Hortobágyer palacsinta (pikant gefüllte Palatschinken, siehe Foto), Lecsó (gedünstetes Paprika-Gemüse), Lángos (in Öl gebackener Teigfladen), Grammel-Pogatschen oder Dobostorte mehr als bereichert. Und ohne Graurinder, Mangalitza-Schweine, Gänse(-leber), Debracziner, Salami und Tokayer-Wein wäre die Wiener Küche nicht das, was sie ist: Kakaniens Gulaschkessel nämlich.

Adresse Ilona Stüberl, Bräunerstraße 2, 1010 Wien | **ÖPNV** U 1, U 3, Station Stephans-platz; Straßenbahn 1, 2, 71, Station Burgring | **Öffnungszeiten** Mo–So 11.30–23 Uhr | **Tipp** Es mutet seltsam an, aber es gibt tatsächlich verhältnismäßig wenige ungarische Restaurants in Wien. Eines, das sich auf eine moderne ungarische Küchenlinie spezialisiert hat, ist das Kardos, das unter anderem fast ein Dutzend Gulaschvarianten anbietet (www.restaurantkardos.com).

101__Der Volksgarten

Ehemaliges Paradeisgartl

Inmitten des Volksgartens steht die Meierei, umringt von etwa 800 Hochstammrosen mit phantasievollen Namen und umzingelt von 4.000 Busch-, Schling- und Parkrosen, die jedes Jahr die Besucher dieses schönen Gartens mit Duft und Farbenpracht erfreuen. 1924 wurde das achteckige ehemalige Wasserreservoir-Häuschen zu einer Meierei adaptiert. Unter einer »Meierei« verstand man Lokale, die vor allem Trinkmilch und Milchprodukte wie Butter und Käse anboten.

Wandelt man von der Volksgarten-Meierei in Richtung Burgtheater, so durchstreift man das ehemalige Paradeisgartl, eine wunderschöne zwischen 1755 und 1760 errichtete Parkanlage, in der 1784 auch ein vornehmes Kaffeehaus gleichen Namens stand. Nach der Zerstörung durch die Franzosen 1809 wurde ein neues Paradeisgartl (1811–16) errichtet, mit dem neuen Cortischen Kaffeehaus, das über den Volksgarten erreichbar war. 1872 wurde dieser Treffpunkt der Society zugunsten des neuen Burgtheaters demoliert – was übrig blieb, hat man in den Volksgarten integriert.

Die Wiener Küche hat zum Paradeiser, also der Tomate, ein ganz besonderes Verhältnis, denn sie kann sich diese nur vorstellen, wenn die rezente Säure durch Zucker abgemildert wurde. Das gilt für die zu »Gefülltem Paprika« gereichte Paradeissoße genauso wie für Paradeis-Kraut, Paradeiser-Salat und ein seinerzeit sehr populäres, heute etwas in Vergessenheit geratenes Gericht namens »Liebesapfel-Gelée auf Wiener Art«, ein dicklich eingekochtes, recht süßes Tomatengelee, das sehr edel und kostbar war.

Weiter kannte die Wiener Küche einen Paradeisbraten (Pferde- oder Rindfleisch), Paradeisfisch, Paradeisreis und Paradeis-Suppe. Seltsam mutet dabei an, dass der Paradeiser fast ausschließlich auf Soßenbasis verarbeitet wurde und erst um die 19. Jahrhundertwende auch als Gemüse oder Salat genossen wurde – offenbar war die Liebesfrucht den Wienern roh doch zu rezent.

Adresse Meierei im Volksgarten, Burgring 1, 1010 Wien | **ÖPNV** U 3, Station Herrengasse; Straßenbahn 1, 2, 71, D, Station Burgring | **Öffnungszeiten** April–Mitte Sept. Mo–So 11–2 Uhr | **Tipp** Im Volksgarten befinden sich zudem der Gastronomiebetrieb Volksgarten-Pavillon sowie mit der Volksgarten-Disco ein weltberühmter Club (www.volksgarten.at).

102_ Der Votivgarten

Wiener Originale

Wien ist nicht nur reich an Rezepten, sondern auch an seltsamen, liebenswerten und kreativen Individuen, welche »Wiener Originale« geheißen werden. Sie alle haben sich nicht nur durch Einzigartigkeit hervorgetan, sondern fanden auch durch musikalisches oder literarisches Können mediales Echo, das sie mitunter weit über Wiens Grenzen hinaus bekannt machte – wie zum Beispiel den mit einer Tunika bekleideten Friedensprediger »Waluliso«. Im schönen Votivgarten der »Goldenen Glocke« ist ihnen allen ein künstlerisches Denkmal in Form einer Wandmalerei gesetzt, doch zwei Figuren stechen ganz besonders hervor, nämlich der »Schuster Franz« und der »Bratfisch«.

Josef Bratfisch war seines Zeichens – so wie auch der Schuster Franz – Fiaker, dazu Sänger und Kunstpfeifer. Eine wahre Stimmungskanone soll der Bratfisch gewesen sein und vor allem durch derb-vulgäre Zoten Bekanntheit erlangt haben. Kronprinz Rudolf hatte bekanntlich nicht nur eine Schwäche für das weibliche Wesen, sondern auch eine für das einfache Leben. Daher hat ihn das lockere Umfeld des Heurigen quasi magnetisch angezogen, denn in der Anonymität des »prallen Lebens« und des »prassenden Volkes« ließ sich das wahre k. u. k. Kaleidoskop in seinem ganzen Facettenreichtum besonders gut genießen – vorm Glas sind alle gleich, heißt es.

Da der »Nockerl« (der Spitzname vom Bratfisch) dem Vernehmen nach auch ein exzellenter Koch war und der Wiener Rostbraten das Leibgericht von Kronprinz Rudolf gewesen ist, wurde der Bratfisch alsbald nicht nur zum Leibkutscher, sondern auch zum Rostbratenkoch seiner Majestät. Offenbar gefiel dem Kronprinzen der Kontext Wein-Weib-Gesang-Rostbraten.

Und der Bratfisch war es schließlich auch, der Baronesse Mary Vetsera, die Geliebte Rudolfs, zum Jagdschloss Mayerling kutschierte, wo sie gemeinsam mit dem Kronprinzen unter bis heute nicht gänzlich geklärten Umständen verstarb.

Adresse Zur Goldenen Glocke, Kettenbrückengasse 9, 1050 Wien | **ÖPNV** U 4, Station Kettenbrückengasse; Straßenbahn 1, 62, Station Paulanergasse | **Öffnungszeiten** Di–Sa 11.30–15 und 17.30–23 Uhr, So 11.30–15 Uhr (Juli und Aug. So geschlossen) | **Tipp** Berühmt sind Wiener Fiaker für ihre »Porzellanfuhren«, wobei sie besonders langsam und vorsichtig fahren, um das »Porzellan« nicht zu zerschlagen. Die Fenster dieser Kutschen sind verschließbar, die Kutscher diskret, und was sich im Inneren abspielt, kann man seiner Phantasie überlassen oder nachspielen: www.romantischeideen.at (bei Fiaker-Fahrt klicken).

103__Der Werkelmann
Kleine Praterfreuden

Wien war schon immer eine Stadt der Genießer und der Originale. Ein solches Original findet man heute mit dem »Werkelmann« im Böhmischen Prater. Mit dem »Werkel« ist hier aber nicht der Hendel-Grill gemeint, sondern der Leierkasten, wenngleich sich beim Werkelmann natürlich schon knusprige Hendeln am Spieß drehen und an Friedrich Schillers Xenien erinnern: »Mich umwohnet mit glänzendem Aug das Volk der Phäaken; Immer ist's Sonntag, es dreht immer am Herd sich der Spieß ...« Und im monotonen Rhythmus des Spießes rotiert die Kurbel der Drehorgel zwecks musikalischer Unterhaltung.

Es ist eine einfache Unterhaltung, aber eine belustigende und eine dem Ort angemessene, denn der Böhmische Prater war immer einfach gestrickt. Großkopferte kamen selten hierher – außer sie wollten sich inkognito mit einem Dukatenweiberl oder Casinoliesel vergnügen. Der Böhmische Prater hat seinen Namen von den böhmischen Arbeitern, die in den Wiener Ziegelwerken schufteten und sich hier am Laaer Berg einen kleinen, idyllischen Vergnügungspark schufen, der außer dem Beinamen »Prater« und einem (kleinen) Riesenrad wenig mit seinem berühmten großen Bruder gemeinsam hat.

Und wenn man beim Werkelmann sitzend Surstelzen, Grillhenderl und G'spritzte genießt, klingen die Weisen aus dem Leierkasten wie Flüsterstimmen aus einer jenseitigen Welt. Sie erzählen von Figuren wie dem Schuster Franz, dem »Backfisch« oder von Johann, dem Wahrsager, dessen gelehrter grüner Paperl (Papagei) auf Ansage »Numera« aus einem Kästchen zieht, Zettelchen mit Zahlen drauf, welche die Dienstboten gegen einen kleinen Obolus erhalten. Diese Glückszahlen werden sofort in die nächstgelegene Lotto-Kollektur getragen und das Körberlgeld voll Hoffnung auf einen Treffer in Lottozahlen umgetauscht.

Phantasie und Realität verschmelzen schnell im Böhmischen Prater ... aber ist das nicht in ganz Wien so?

Adresse Zum Werkelmann, Laaer Wald 218, 1100 Wien | **ÖPNV** U 1, Endstation Favoriten (Reumannplatz), danach Bus 68A Richtung Kurpark bis zur Station Urselbrunnengasse | **Öffnungszeiten** Mo–Fr 11–23 Uhr, Sa, So, Feiertag 10–23 Uhr | **Tipp** Auch Spanferkel wurden traditionell am Spieß gebraten – die besten gibt's beim Novak.(www.novaks-spanferkel.at).

104__Das Wiener Gemüse

… bitte nicht ohne Einbrenn

Die Wiener Küche ist eigenartigerweise in puncto Gemüse verhältnismäßig unkreativ. Eigenartig ist das deshalb, weil Hülsenfrüchte und Gemüse immer eine bedeutende Rolle in der Wiener Ernährung spielten und in der Stadt selbst, wie auch im Umland, seit jeher feinstes Gemüse gedeiht. So gibt es in Wien bis heute eine intakte Landwirtschaft mit mehr als 900 Höfen innerhalb der Stadtgrenzen, und der Gemüseanbau ist so produktiv, dass das Wiener Gemüse als »Genussregion Österreich« ausgezeichnet wurde. Alles in allem gerechnet könnten allein die Wiener Landwirte die Millionenstadt täglich mit frischem Gemüse versorgen – ohne Importe!

Um früher eine ausreichende Sättigung zu gewährleisten, wurde das zuvor weich gesottene Gemüse klein gehackt und anschließend mit Fleischbrühe, Schmalz und Mehl »eingebrannt«; »Mehl macht satt«, hieß es, und so gab das Gemüse genug her, egal, ob als Beilage oder Hauptspeise. Gewürzt wurde meist nur mit Salz, Pfeffer und Zucker. Rahm, Essig, Zwiebel oder Knoblauch, Kümmel und Kräuter wie Dill oder Bohnenkraut galten schon als edle Verfeinerungen. Die Krönung erfuhr diese Form der Gemüseküche mit den »Specklinsen« und die wirklich köstlichen »Einbrennten Hund«, die mit Salzgurken oder Salzkapern verfeinert werden – bis heute echte Leibspeisen, die sich entsprechend großer Beliebtheit erfreuen.

Wenn also in Kochbüchern von »Gemüse Wiener Art« die Rede ist, dann ist damit immer das »Eingebrannte Gemüse« gemeint, und bis heute gedenkt man in Wien nicht wirklich, daran etwas zu ändern, denn merke: »… so a' G'müas ohne nix, des könnt's an'm Håsn geb'n!«

Einzige Ausnahme bilden da die Gemüse, welche in der 1er Panier eine gute Figur machen – diese dürfen dann auch »gebacken« auf den Tisch kommen, wie zum Beispiel die »gebackenen Selleriescheiben« … gut, aber bitte, wenn's keine Umstände macht, nur an Fastentagen!

GENUSS REGION ÖSTERREICH

Wiener Gemüse

www.lgv.at

Adresse Genussregion Tafel, Esslinger Straße 134, 1220 Wien | **ÖPNV** Bus 26A, 88A, Station Seefeldergasse | **Tipp** Im modernen Wien gewinnt die Gemüseküche mehr und mehr an Bedeutung, vor allem im Luxussegment. So widmet sich nicht nur das Steirereck (siehe Seite 192) vermehrt diesem Thema, sondern auch vegetarische Top-Lokale wie das Tian (www.tian-vienna.com) arbeiten sehr erfolgreich.

105___Die Wiener Schnecke

Langsam wieder eine Delikatesse

»In einem so stark von der Tradition und dem Katholizismus geprägten Land wie Österreich … versteht es sich von selbst, dass gerade den Fastenspeisen in den Kochbüchern ein besonders großer Umfang eingeräumt wurde«, schreibt Ludwig Plakolb, und Carl Julius Weber bemerkte in seinen »Briefen eines in Deutschland reisenden Deutschen« 1826, dass er an Festtagen in Wien sein Fleisch mit »ungarischen Edelkröten« (Schildkröten), Hausen (Stör-Art) und Schlampreten (Schnecken) gekreuzigt habe. Schnecken waren im alten Wien also sicher eine weit verbreitete Fastenspeise, und man labte sich an ihnen nach dem Motto: »besser a Schneck als gar ka Speck«.

Schnecken sind aber auch eine sehr bodenständige Spezialität. In den weitläufigen Weingärten rund um Wien waren die Winzer froh, wenn die Wiener die Tiere im Frühjahr sammelten, denn dann fraßen sie am liebsten die jungen Weintriebe, um zur Weinbergschnecke zu werden – diese war als Delikatesse hoch geschätzt, bei den Weinbauern allerdings weit weniger beliebt. Wer nicht sammeln ging, konnte sich seine Weinbergschnecken auf einem eigens eingerichteten Schneckenmarkt, der sich im heutigen Jungferngassl hinter der Peterskirchen befand, besorgen, denn hier wurden sie von sogenannten Schneckenweibern nach Größe sortiert als »Auster des kleinen Mannes« angeboten.

Inspiriert durch das »Schneckenkochbuch« hatte Andreas Gugumuck die Idee, die Tradition der Wiener Schneckenzucht fortzuführen, und errichtete mit der »Wiener Schnecke« einen echten Wiener Schneckengarten. So brauchen Schneckenliebhaber nicht mehr selber sammeln und können sich unbeschwert dem Genuss von Traditionsgerichten wie »Wiener Schneckensalat«, »Alt-Wiener Schnecken im Backteig«, »Schnecken mit Sardellenbutter«, »Schnecken mit Essig-Kren« oder den leicht süßlichen »gekochten Weinbergschnecken mit Weinkraut« widmen.

Adresse Rosiwalgasse 44, 1100 Wien, www.wienerschnecke.at | **ÖPNV** U 1, Reumann-
platz, dann Straßenbahn 67 bis Station Rothneuesiedl, dann Bus 17A bis Franzosenweg |
Öffnungszeiten Führungen nach Vereinbarung Mai–Ende Okt. | **Tipp** Viele Wiener
Spitzenköche und Gastronomen fabrizieren Köstlichkeiten aus Gugumucks Weinbergschnecken, der exotischen Schneckenleber und dem eleganten Schneckenkaviar. Einer
von ihnen ist René Ringsmuth, der mit seiner »Trilogie von der Weinbergschnecke« auf
klassische Moderne setzt (www.der-ringsmuth.at).

106_Der Wienerwald

Liebesnest und Speisekammer

Der Wienerwald umkränzt die Donaumetropole weitläufig und bildet zusammen mit den Weingärten die »grüne Lunge« Wiens. Seit jeher zieht es die Wiener am Wochenende hier hinaus, denn immer wieder sucht die Liebe das zart duftende Grün. Unzählige Liebespaare hat der Wienerwald gesehen und noch mehr Küsse gezählt, und wenn es gilt, diskret zu sein, verschließt er wissend lächelnd die Augen und bereitet sein moosbedecktes Liebeskissen. Sonnenanbetern öffnet er Lichtungen wie die Kreuzeichenwiese, Wanderer dürfen seine lichtdurchfluteten Buchenbestände durchstreifen, und allen spendet er ein bisschen Glück und Frieden. Kein Wunder, dass die Wiener ihren Wald so lieben, in dem sich auch vortrefflich picknicken lässt – wer je bei Selchspeck, Fleischlaberln, hart gekochtem Ei, Radieschen, Brot und Bier seine Blicke von den sanften Hügeln des Waldes über die vorgelagerten Weingärten hinab nach Wien hat schweifen lassen, der weiß, warum Wien als die »l(i)ebenswerteste Stadt« der Welt gilt.

Doch der Wienerwald war und ist den Wienern seit jeher nicht nur Liebesnest, sondern auch Holzlieferant und Speisekammer. Er war einst Jagdgebiet für den Adel und versorgte die in Notzeiten darbende Stadt mit allerlei Nahrhaftem wie Bucheckern zur Ölgewinnung, Kräutern wie den Bärlauch, verschiedenen Beeren, Pilzen und Knospen. Das Sammeln war schon immer eine städtische Domäne und wird von der Landbevölkerung belächelt. Doch wer nicht sammeln geht, dem entgeht die edelste Delikatesse des Wienerwalds: die Wienerwald-Trüffel, deren betörendes Aroma nichts anderes als ein »Ich will dein sein« bedeuten kann.

Jedes Jahr aufs Neue öffnet der Wienerwald im Frühling, »wenn die Knospen wieder sprießen, wenn es draußen grünt und blüht, auch uns Säfte wieder schießen, wenn man etwas Hübsches sieht« (Waldemar Klinger) seine Pforten und verkündet den Liebenden Verheißungsvolles.

Adresse Kreuzeichenwiese, Hernals, 1170 Wien, Nähe Jubiläumswarte | **Tipp** Idyllisch gelegen ist der »Klee am Hanslteich« (www.kleeamhanslteich.at), einen schönen Ausblick über Wien kann man vom »Häuserl am Stoan« genießen.

107__Der Wurstelbrunnen

Selbstverständnis Essen

Die offen und freiherzig ausgelebte Lebens- und Liebeslust des barocken Wien frappierte so manchen Fremden. So echauffierte sich 1781 der protestantischen Verzicht gewohnte Berliner Friedrich Nicolai halb fassungslos, halb neidvoll: »Die Einwohner Wiens sind in allen Dingen, welche zur Gemächlichkeit und zur Wollust des Lebens gehören, sehr viel weiter als die Einwohner einer anderen deutschen Stadt … Sie sitzen da, als ob sie von Gott bloß zum Essen geschaffen wären.«

Wien als hedonistische Donaumetropole darzustellen, war keineswegs allein preußische Propaganda, sondern spiegelt sich auch in vielen selbstironischen Zitaten eigener Dichter, Denker und Literaten wider – und traditionell günstige Gaststättenpreise manifestieren das Selbstverständnis.

Eine Figur ist eng mit dieser Lebenseinstellung verbunden: der Hanswurst. In der Gestalt einer Wurst entstand er aus der Karikatur eines Lungauer Würstemachers namens »Lewerwurst«. In Wien machte der Komiker und Weinhändler Josef Stranitzky (1676–1726) den gefräßigen Spaßmacher so populär, dass er in vielen Formen theatralisch aufgearbeitet wurde: In Mozarts »Don Giovanni« erscheint er als Leporello und nascht Fasan, in der »Zauberflöte« schlüpft er in die Figur des Papageno und dient dem, der ihn füttert, und später taucht die Gestalt in zahlreichen Komödien Nestroys und Raimunds auf – auf Wiens Volksbühnen hielt sich der Typ länger als irgendwo sonst.

Noch heute wird der Wiener Prater allgemein »Wurstelprater« genannt – und auf dem Wurstelplatz tanzt der Wurstel mit dem Kasper, zwar nicht auf dem Vulkan, aber immerhin auf einem Brunnen. Den meisten Phäaken ist das aber eh »wurscht«, sie verlegen sich lieber darauf, es dem Vielfraß in einem der vielen Praterlokale gleichzutun. Wien ist halt so … wie sagte noch Raimund: »Ich mag halt reden, was ich will, ich komm halt immer aufs Essen zurück.«

Adresse Wiener Prater, 1020 Wien, www.prater.at | **ÖPNV** U 1, U 2, Station Praterstern; S 1–S 3, S 7, S 15, Station Wien Nord; Straßenbahn O, 5, Station Praterstern | **Tipp** In der heutigen Mollardgasse 30 in Wien Gumpendorf stand früher das Hanswurstenhaus, das ebenfalls auf Josef Stranitzky zurückgeht. In diesem Haus befand sich die Vergnügungsstätte »Hanswurstsaal«, berühmt für seine »Watzenwaberl«, mundartlich auch »Mariahelferinnen« (nach dem 1851 neu gegründeten 6. Bezirk Mariahilf) genannte, besonders hübsche Prostituierte.

108_ Der Würstelstand

Institutionelles Freiluftbeisel

Entstanden ist diese Institution kulinarischer Basisverpflegung, welche wider alle Sperrstundenregelungen sogar in den Randzeiten menschlichen Daseins Hunger samt Durst zu stillen vermag, aus den Ladengeschäften der Fleischhauer, wo es ständig kesselfrische »Würstel« (siehe Seite 116) gab, sowie den ehemaligen Garküchen der Vorstädte und Praterauen. Freilich wurden die Würste nicht immer im Geschäft verzehrt, es gab auch fliegende Händler mit Handkesseln oder auch sogenannte »ambulante Stände«, meist vor Fabrikgeländen. Auch wollte man Kriegsinvaliden mittels Wurstkarren dazu verhelfen, ein Einkommen zu haben.

Erst im frühen 20. Jahrhundert kamen vermehrt fahrbare Wägen auf, aus denen heraus die heißen Würste verkauft wurden. Der älteste fest installierte Wiener Würstelstand ist – man staune – noch keine 100 Jahre alt: Leos Würstelstand unter den Stadtbahnbögen des Währinger Gürtels.

Schnell erfreuten sich die Stände mit den heißen Wurstwaren großer Beliebtheit; heute sind sie fixer Bestandteil des Stadtbildes. Vom Draher, der noch einige Dosen Bier braucht, über hungerleidende Taxifahrer bis hin zu Politikern und Ballbesuchern erfreuen sich alle an einer stärkenden Wurst.

Längst sind (proletarische) Bestellungen à la »a Eitrige mit 16ner Blech« (eine Käsekrainer mit Ottakringer Bier aus dem 16. Bezirk) werbemäßig aufgearbeitet sowie in vielen Reiseführern als Wien-Klischee dokumentiert. Schwieriger wird es für Ortsfremde, wenn sie von »sssemidansiassn« hören, womit eine »Burenwurst mit süßem Senf« gemeint ist. Diese sollte stilecht mit einem »Bugl« (Brotscherzl) und »G'müas« wie Ölpfefferoni und Salzgurke sowie einer »Schwechater Hüsn«, dem traditionellen Duzfreund der nahrhaften Wurst, zelebriert werden … und das ist dann kein Klischee, sondern »a klasse Hasse« – besonders gut vor einem Fußballmatch im Praterstadion.

Adresse Würstelstand vorm Praterstadion, Meiereistraße, vis-à-vis Ernst-Happel-Stadion, 1020 Wien | **ÖPNV** U 2, Station Stadion | **Öffnungszeiten** Mo–Fr 7–20 Uhr, Sa 9–17 Uhr, So 9–19 Uhr | **Tipp** Zur Wurst gehören Kren (geht nur frisch gerissen) und vor allem Senf wie das Amen zum Gebet – berühmte Wiener Erzeuger sind bis heute Mautner Estragon- und Kremser-Senf (www.mautner.at), Albatros (www.spak.at) und Ramsa (www.ramsa-wolf.at). Übrigens: Der Würstelstand am Naschmarkt ist mit zwei Votivbildern hübsch dekoriert.

109_ Das Weingut Zahel

Gemischter Satz

Eine Besonderheit des Wiener Weins ist der »Gemischte Satz«, ein Wein aus verschiedenen weißen Rebsorten. Der »Gemischte Satz« ist jedoch kein Cuvée, weil mit Cuvée ein Verschnitt verschiedener fertiger Weine gemeint ist, während beim »Gemischten Satz« das Mischen der Reben bereits in den Weingärten geschieht:

Dort hat man verschiedene Rebsorten mit unterschiedlichem Reifezeitpunkt und Säuregrad bunt gemischt ausgesetzt. Der traditionelle »Gemischte Satz« bestand aus Grünem Veltliner, Müller-Thurgau, Muskateller, Neuburger, Rheinriesling, Traminer und Weißburgunder – bis zu 20 Sorten dürfen es sein, wobei der höchste Sortenanteil nicht über 50 Prozent liegen darf. Sie wurden in den Weingärten nach einem bestimmten Muster gepflanzt. In die unteren, kühleren Lagen kamen Neuburger und Veltliner, weiter oben, wo es wärmer und die Sonne kräftiger ist, setzte man Weißburgunder und Traminer. Ganz nach oben hin Rebsorten wie den Riesling.

Jeder Winzer hatte seine ganz persönliche Mischung, seine Handschrift und Philosophie – bis der »Gemischte Satz« plötzlich in Vergessenheit geriet und den Cuvées Platz machen musste.

Eine kleine Gruppe von Wiener Winzern wollte nicht, dass dieser typische Wiener Wein ausstirbt. Und einer, der sich besonders um diesen Wein verdient gemacht hat, ist Richard Zahel. Winzern wie ihm ist es zu verdanken, dass der »Gemischte Satz« nicht nur Anerkennung in der Weinwelt und immer mehr neue Freunde findet, sondern auch, dass er EU-geschützt ist. Nur österreichische Flaschen dürfen mit »Gemischter Satz« etikettiert sein – und seit 2013 ist der Qualitätswein DAC-zertifiziert.

Weinliebhaber, die auf der Suche nach authentischem Wiener Geschmack sind, werden an diesem eigenständigen Wiener Kulturgut ihre Freude haben, denn merke: »Eine Rebsorte ist eine Geige, ein ›Gemischter Satz‹ aber ist ein Orchester!«

Adresse Weingut Zahel, Maurer Hauptplatz 9, 1230 Wien | **ÖPNV** Straßenbahn 60, Station Maurer Hauptplatz | **Öffnungszeiten** Di–Fr 11–19 Uhr, Sa 9–14 Uhr | **Tipp** Das Weingut Wieninger – nomen est omen – produziert ebenfalls eine ganze Reihe von erstklassigen Varianten des »Gemischten Satz«, der »Nußberg Alte Reben« ist eine besonders feine (www.wieninger.at).

110_ Der Zobel-Wirt

Wiener Wirte

»Es ist ein historischer Fehler, dass die Österreicher nicht das Backhendel im Wappen haben«, stellte einst Heinrich Laube fest. Eines der bekanntesten Backhendel-Lokale war das ehemalige Gasthaus »Zur Fortuna« in Margareten, etwa auf Höhe des heutigen Esterházy-Parks. Hier gab es die knusprigsten Backhenderln, die zusammen mit reschem Veltliner der Renner waren und den Inhaber, einen Fleischer namens Zobel, reich machten. So reich, dass dieser später in der Nähe des heutigen Westbahnhofs den legendären »Zobel-Wirt'n« in Fünfhaus gründen konnte, eine der größten Vergnügungsstätten im alten Wien. Und der schwergewichtige Zobel zeigte, was er hatte, indem er den Alt-Wiener Sinnspruch »Einer ohne Wamp'n bleibt für mi' a Kramp'n« wörtlich nahm.

Um die 19. Jahrhundertwende wurden viele Gasthäuser überhaupt nur wegen ihrer Wirte-Originale aufgesucht, die einen besonders lockeren Schmäh auf den Lippen hatten. Einer dieser Typen war der »Hetzendorfer Sauwirt«, dem nicht einmal gestandene Wiener vom Grund Paroli bieten konnten. Er war berühmt für seinen verbalen »Sautanz«, der passenderweise zu saftigen Schweinsbraten oder Krenfleisch aufgetischt wurde. Deftige, kaum mehr zweideutige Witze bekamen die Damen bevorzugt als Dessert kredenzt. Auch der hagere Wirt Pepi Blaas von der gleichnamigen »Blaas-Hütten« unweit des Lusthauses war so ein Konsorte, von dem Fritz Feldner berichtet: »Zu vorgerückter Stunde konnte man sich im Genuss eines geistigen Exhibitionisten suhlen. In den vornehmsten Kreisen Wiens galt es geradezu als Bildungslücke, den schweinigelnden Wirt nicht zu kennen. Hätte Pepi Blaas früher gelebt, wäre er sicherlich von einem Renaissance-Potentaten in den Porno-Grafen-Stand erhoben worden.«

Angesichts dessen sollte sich die Stadt Wien doch überlegen, wenn schon nicht die Backhenderln, so zumindest ihre Wirt'n auf die Fahnen zu heften.

Adresse 1160 Wien – Aufgrund der späteren Parzellierung der früheren Liegenschaft Fünfhaus 40 ist eine genaue Lageangabe nicht mehr möglich. Das Zobeläum dürfte sich mit seinem Gastgarten etwa zwischen folgenden heutigen Adressen befunden haben: Gasgasse 4, 6, 8, 10 / Rosinagasse 4 / Staglgasse 6 / Zwölfergasse 5 (Wien 15). **| ÖPNV** Straßenbahn 52, 58, Station Staglgasse **| Tipp** Im 3. Bezirk in der Lothringerstraße 6 befindet sich das Wohnhaus von Karl Kraus, der seinerzeit etwas frustriert feststellte: »Restaurants sind Gelegenheiten, wo Wirte grüßen, Gäste bestellen und Kellner essen.«

111 Zum Schwarzen Kameel

Austern im »Gwürzgewölb«

Ein wunderbares Bild des Essprunks Wiens rund um die 18. Jahrhundertwende liefern die »Eipeldauer Briefe«, die ab 1785 von Josef Richter verfasst wurden und die Erlebnisse eines ausgesprochenen Landeis in Wien beschreiben. Diese »Chronik des kleinen Mannes« zeichnet ein lebhaftes Bild der Wiener Lust an Kulinarischem und Erotischem. Ein spontanes Mittagessen bestand schon mal aus mehreren Gängen, wie folgendes Beispiel zeigt: »Suppe mit Kapaun«, »Lammzunge«, »Gekochtes Rindfleisch mit Sardellensoße und Mandelkren«, »Selchfleisch mit Rotkohl und Kastanien«, »Eingemachtes Huhn mit Karfiol«, »Gebratene Wildenten«, »Schnepfen mit zwei Salatbeilagen« und »Mehlspeise«. Fisch war in der bürgerlichen Küche offensichtlich selten.

Einige Jahre später hat sich der junge Mann schon ganz gut assimiliert und frönt ausgiebig allen fleischlichen Gelüsten und erzählt 1809: »… dass ich eine von meinen Amantinnen auftreib, und die führ ich ins Kamel ins Gwürzgewölb und spendier ihr Austern!«

Unter einem »Gwürzgewölb« verstand man zunächst eine Gewürz-Greißlerei, ab dem 18. Jahrhundert jedoch so etwas wie eine Austernbar. Und bei besagtem Kamel handelt es sich um das heutige »Schwarze Kameel« (mit Doppel »e«, weil der Name auf den Gründer Johan Baptist Cameel zurückgeht), eines der traditionsreichsten Lokale Wiens, das 1618 eben als Gewürz-Greißlerei gegründet wurde. Um 1800 verwandelte es sich in eine Weinhandlung samt Spezereien (Delikatessen) und Austernbar – heute ist es ein Edel-Imbiss samt Restaurant.

Seit 1901 konnte sich das »Schwarze Kameel« das edle Jugendstilambiente der Bognergasse bewahren, in dem es erlesenste Gaumenfreuden kredenzt. Und bis heute findet sich hier ein anregend gemischtes Publikum zusammen, das vor allem aus noblen Leuten besteht, »die hier der steifen Etikette entfliehen können, ohne gar zu sehr unter das Volk zu geraten«.

Adresse Bognergasse 5, 1010 Wien | **ÖPNV** U 1, Station Stephansplatz; U 2, Station Schottentor; U 3, Station Herrengasse | **Öffnungszeiten** Mo−Sa 12−15.30 und 18−24 Uhr | **Tipp** Besonders sehenswert ist der Keller des »Schwarzen Kameel«, denn der ehemalige k. u. k. Hoflieferant verfügt über drei mächtige Weinkeller, für deren Bau Ziegel mit römischen Legionatszeichen verwendet wurden.

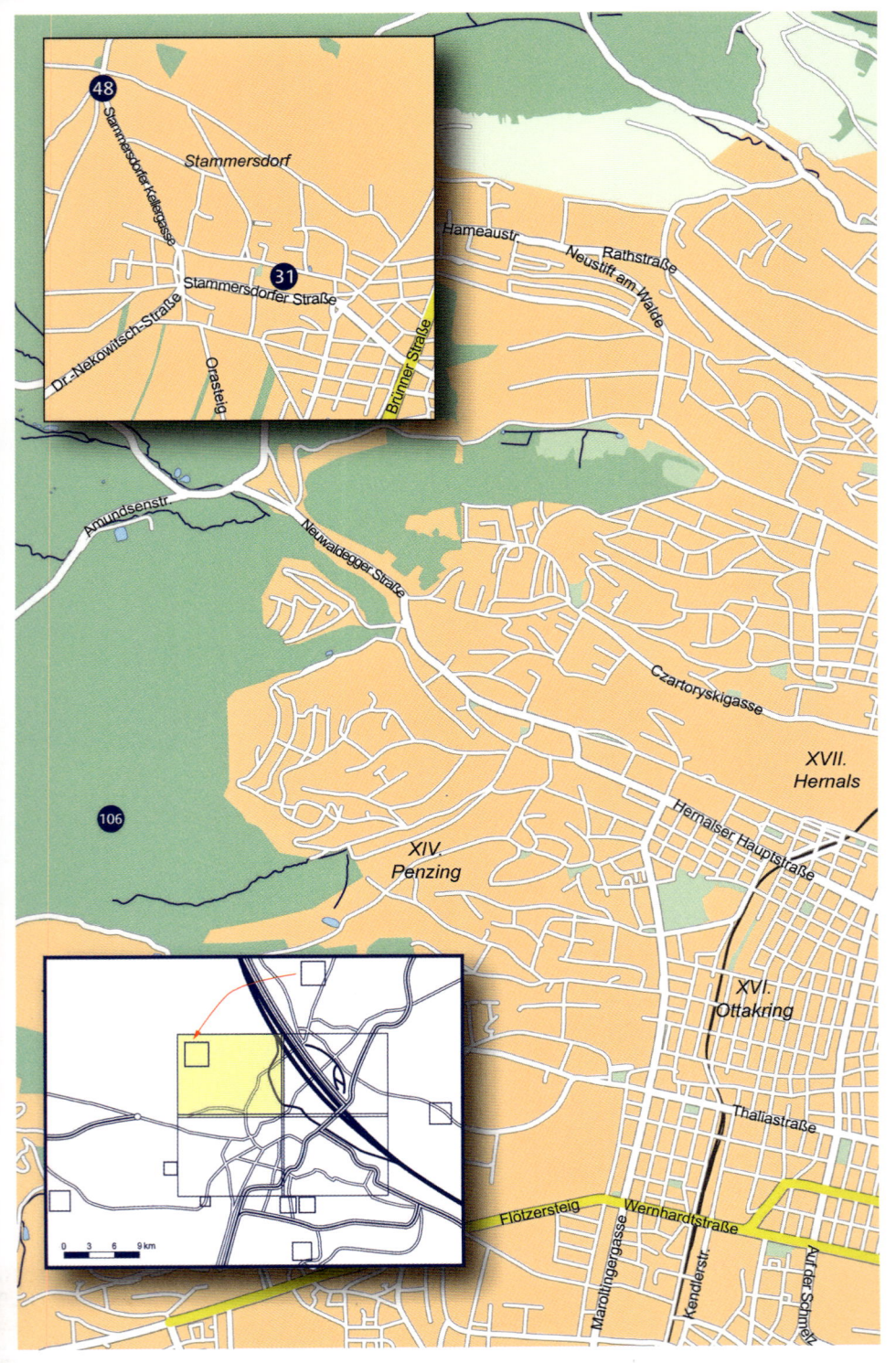

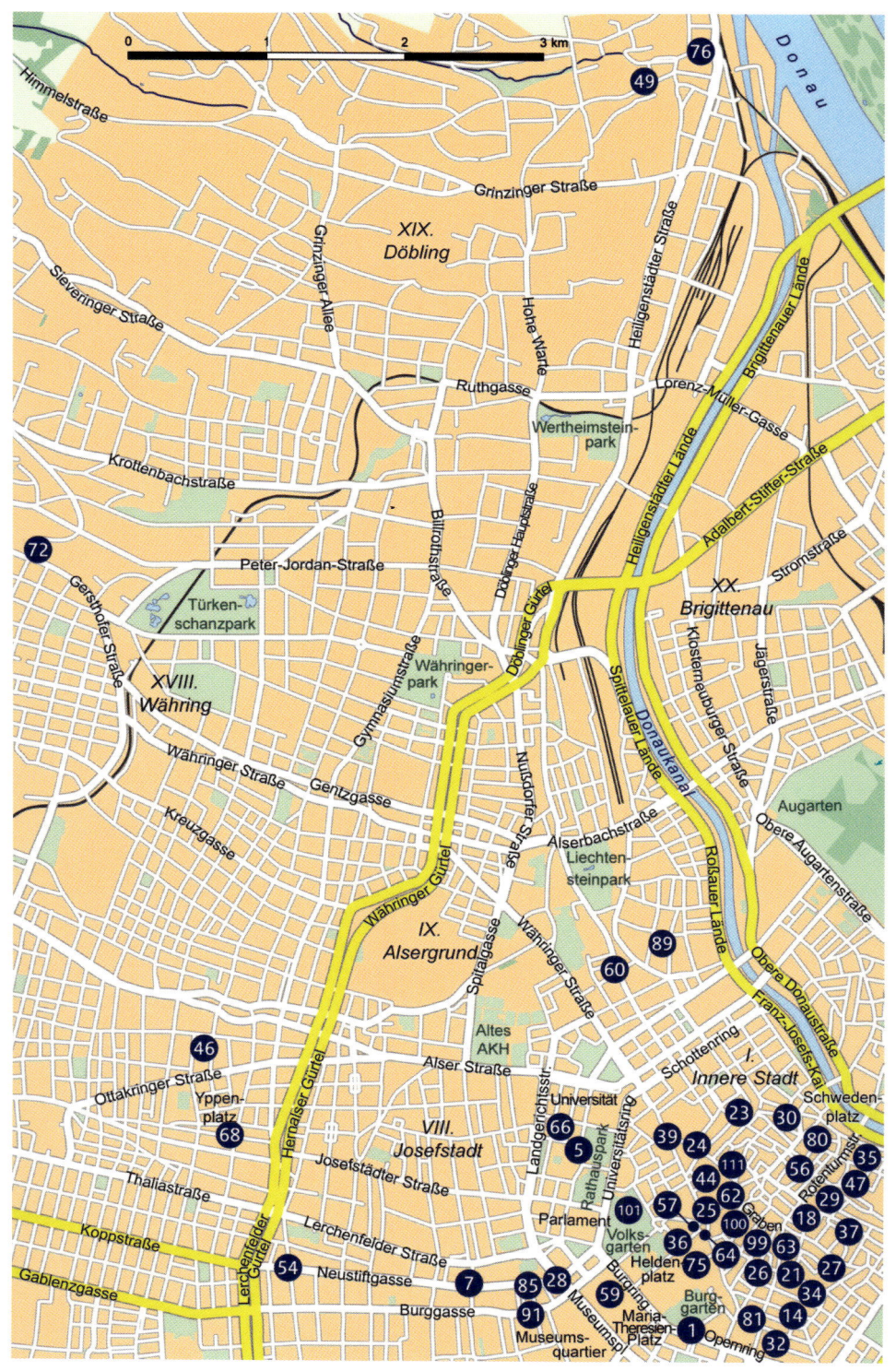

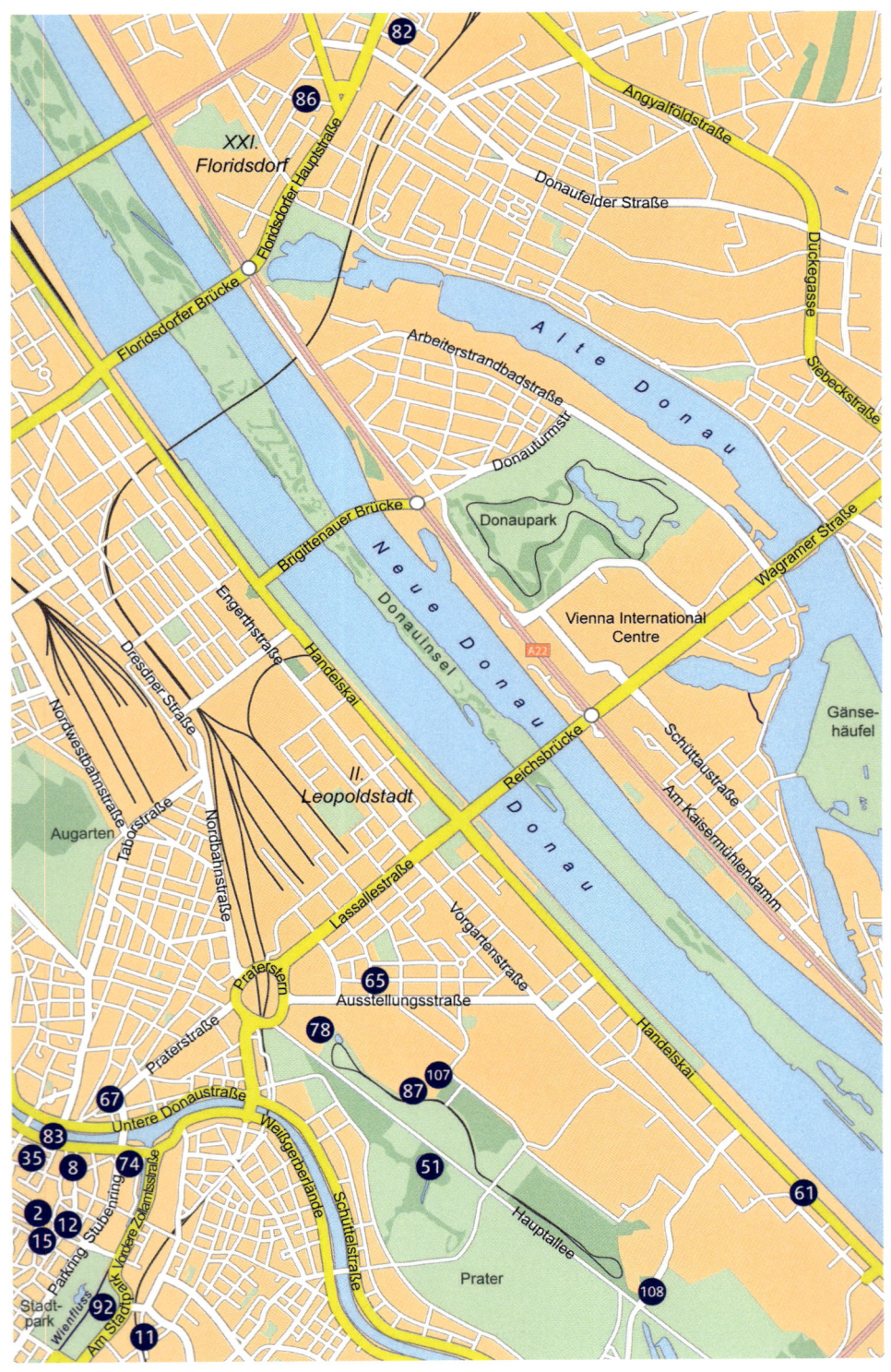

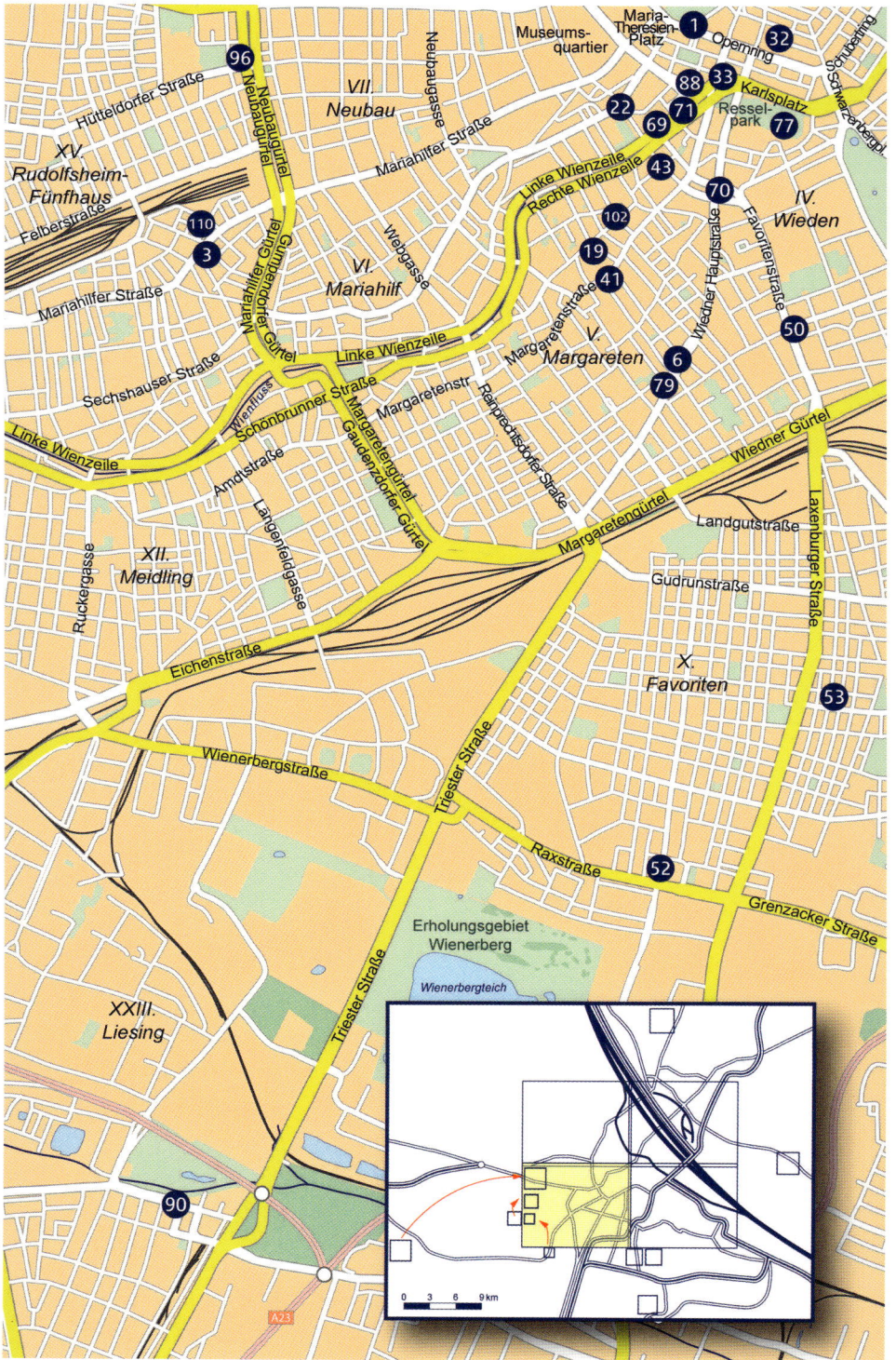

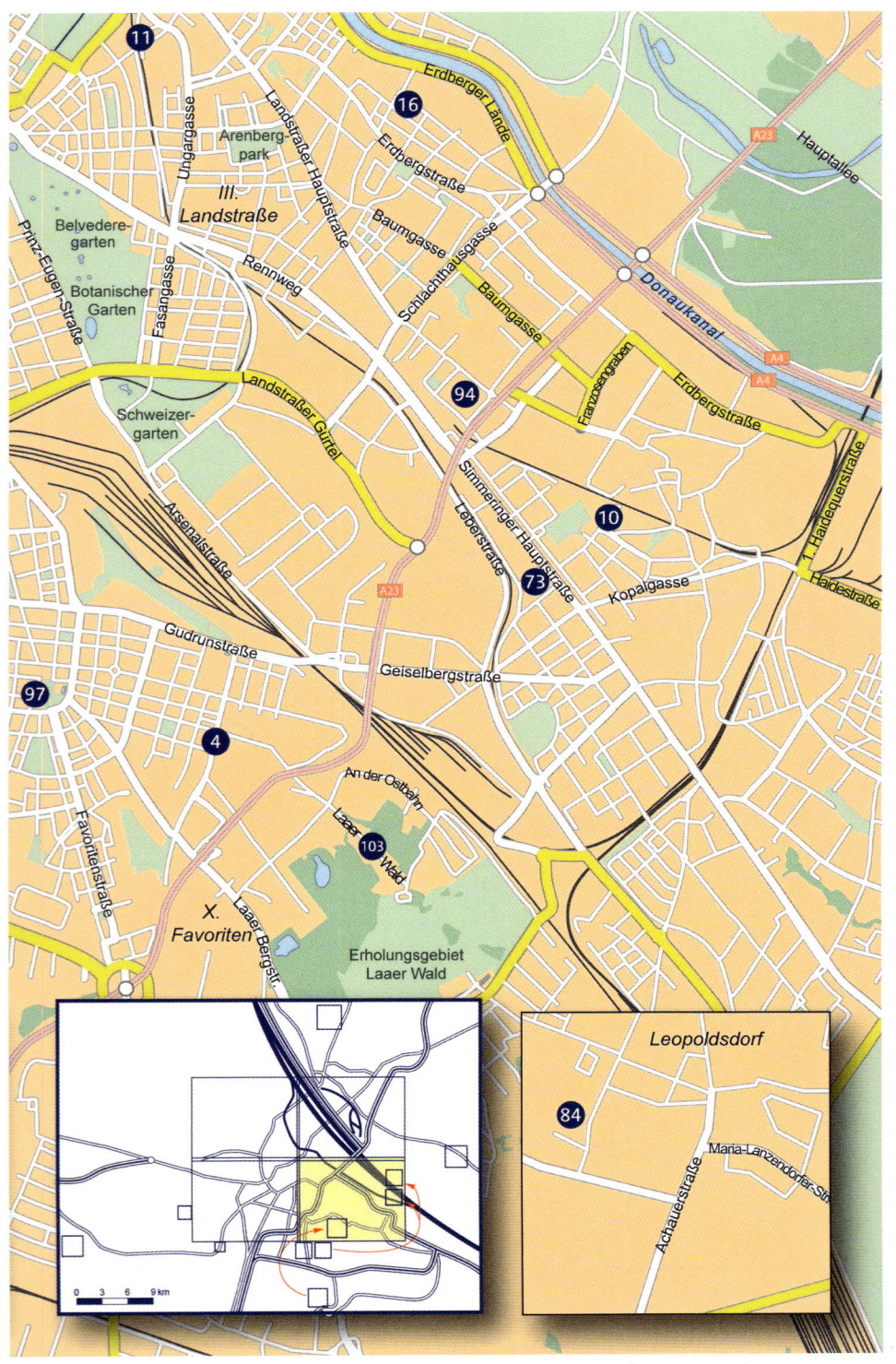

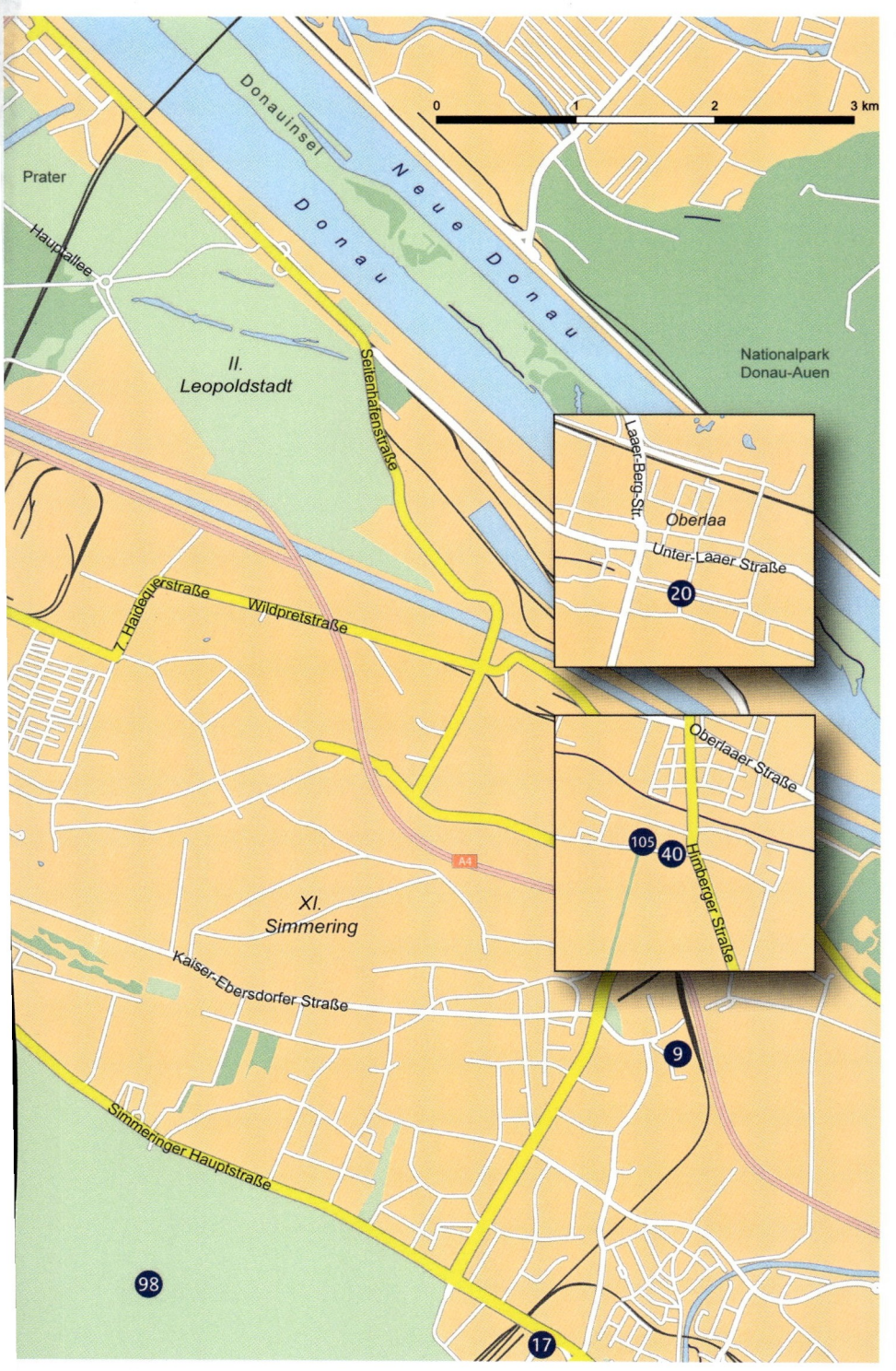

Der Autor

Schon mit fünf Jahren stand Gerd Wolfgang Sievers lieber hinter dem Herd als auf dem Fußballplatz. Seine Matura absolvierte er in Deutschland und erlernte während dieser Zeit parallel das Kochhandwerk bei verschiedenen renommierten Spitzenköchen. Danach zog es ihn nach Wien. Nach dem Studium der Publizistik absolvierte er seine Abschlussprüfung als Koch. Seit mehr als 15 Jahren schreibt Gerd Wolfgang Sievers kulinarische und gastrosophische Kolumnen in verschiedenen Fachmagazinen und Zeitungen. Bisher veröffentlichte er im deutschsprachigen Raum 23 Bücher, darunter das »Schneckenkochbuch« oder »Genussland Österreich«. Außerdem produziert und gestaltet er Filme für das Format »Genussland Österreich« auf BR Alpha. Er arbeitet in Wien und lebt im Burgenland und im Friaul (Italien).

Bereits erschienen:

Gerd Wolfgang Sievers
**111 Orte im Burgenland,
die man gesehen haben muss**
ISBN 978-3-95451-229-4

Hier finden Sie ausgewählte Kochrezepte und ein Glossar zum Buch.